唯識講義

唯識，是一門深入分析眾生心理結構及賢聖境界的理論，其理論闡明了通過怎樣的修行途徑而達至究竟的佛果。

歐陽竟無 講述

華夏出版公司本著「弘揚傳統文化，好書永世流傳」的理念，因舊版圖書年代久遠，囿於時空因素，在尚未能聯繫到原著作人並取得同意下，重新出版了這本著作，如有侵權，敬請著作權人或其親友和華夏出版公司聯繫，謝謝您。

唯識講義目録

唯識講義

唯識講義

唯識講義

唯識講義

唯識講義

唯識講義

唯識講義

歐陽竟無著

一、唯識抉擇談

歐陽竟無先生演講原稿

將談成唯識論之八段十義，先於本宗要義作十抉擇而談。時俗廢疾、略而起之，要其精義、絡繹隨文。

第一　抉擇體用談用義

無爲是體，有爲是用；非生滅是體，生滅是用；常一是體，因果轉變是用。有爲生滅因果無漏功德、盡未來際法爾如是，非獨詮於有漏也。是故須知、有爲不可歇，生滅不可滅，而撥無因果之罪大。又復須知、一眞法界不可說；凡法皆即用以顯體。又復須知、體則性同，心、佛、衆生、三無差別；用則修異，流轉、還滅、語不同年。

第二　抉擇四涅槃談無住

佛為一大事因緣出現於世；大事因緣者、所謂無量衆生我皆令入無餘涅槃而滅度之是也。遂有歧途曰；大事因緣、出離生死，灰身滅智。故唯識家言，雖則涅槃而是無住；不住生死，不住涅槃，盡未來際作諸功德；然作功德乃曰無住，而相寂然仍曰涅槃。金剛般若不壞假名論亦作是說：「無餘涅槃者何義？謂了諸法無生性空，永息一切有患諸蘊，資用無邊，希有功德清淨色相圓滿莊嚴，廣利羣生妙業無盡。」是則無餘涅槃者決非灰身滅智之謂也。此大事因緣亦即是佛唯一不二之教。（諸有不知，說頓說漸，說半說滿，豈識圓音無非一妙，聞者識上故局一偏。然子貢因論學而知詩，子夏因論詩而知禮；執詩執禮，世典且難，況於佛說？）故初發心入資糧位曰順解脫分。金剛喻定曰無間道，大覺極位得大菩提曰解脫道。問：教既是一無餘涅槃，然發心者不曰發涅槃心而曰發菩提心，證果者不曰證解脫果而曰證大覺果，何耶？答：涅槃是體，菩提是用；體不離用，用能顯體。即體以求體，過則無邊；但用而顯體，善巧方便。用當而體現，能緣淨而所緣即眞，說菩提轉依即涅槃轉依；唯識所以巧妙莫階也。諸佛與二乘解脫身同，牟尼法身不同，故不曰證解脫果。

第三　抉擇二智談後得

加行智、四尋思後四如實，見似非眞。根本智入無分別，斯乃見道。然眞見一三、又益之相見十六者，必後得智見乃周圓。眞見自悟，相見悟他；有一衆生未成佛，終不於此取涅槃，菩薩以他爲自故。菩薩於何求？當於五明求。一切智智、五明是資。聞思所成、修慧引生，直往不迴心、趣異於初今。若入果位。所作獨攝，（成所作智唯後得智攝）餘三通二。（圓鏡平等觀察三智皆通根本後得）如理匪艱，如量實繁。盡所有性、斯乃殊勝。此義引伸，讀菩薩藏經。問：唯識義是用義，於涅槃則無住，於菩提則後得；無住後得、證以後事，則依智不依識何不曰唯智而曰唯識耶？答：無漏智強識劣，識應其智，智實主之；有漏識強智劣，智應其識，識實主之。五位而及於資糧、加行，百法而及於煩惱、不定；作意在凡外小內故，法爲衆建故，舍智標識而曰唯識。

第四　抉擇二諦談俗義

空宗俗有眞無，相宗則俗無眞有。俗有眞無者，於世俗諦一切皆有，於勝義諦一切皆空。般若所談，非義遮義，匪是其表。俗無眞有者，於世俗諦瓶盆徧計一切皆無，於勝義諦一眞法界圓成而實。然此眞俗、唯是一重；若說依他，則四眞俗。三科、四諦、及於二空、眞之前三即後三俗。眞俗皆有；俗則如幻，眞則不空，是詮是表，非是其遮。瑜伽所說，不空空顯，如幻幻存，善巧絕倫，於斯觀止！空宗俗有乃相宗初俗，是爲情有，情則有其徧計瓶盆也。空宗眞無乃相宗後眞，是爲理無，理則無其徧計瓶盆，俱以一眞法界不可名言也。若夫眞之前三、俗之後三、不可名而可名，不可言而可言，不了義經烏乎齊量？

第五　抉擇三量談聖言

取捨從違、自憑現量。然眞現量、見道乃能；非應無漏，雖現而俗。據俗而評，患生不覺。故唯聖言、最初方便，馴至證眞、縱橫由我。譬如五根，五識難緣，恃聖言量，以能發識比知有根。譬如賴耶，意識難知，恃聖言量，以能執持比知有八。不信聖言，瓶智涸海。聖不我欺，言出乎現，問津指南，豈其失己？

第六　抉擇三性談依他

空宗以二諦爲宗，故談眞絕對。相宗以三性爲宗。故因緣幻有。因緣幻有者、依他起也。他之言緣，顯非自性。緣之爲種；法爾新生起有漏種，法爾新生起無漏種，都爲其緣。有漏緣生曰染依他，無漏緣生曰淨依他，執爲實有曰偏計所執，空其所執曰圓成實。夫以成之爲言乃一成不變義者，則是常義，即涅槃常樂我淨義；彼依他緣生則三法印者，無常義、無我義、苦義。若以成之爲言爲究竟斷染義者，則淨分依他是其所事，體偏而用亦徧，非虛而亦非染；圓實二義依他別具。三界心心所是虛妄分別故，淨分依他攝屬圓成；若分別立名唯目緣慮，則淨分染分、皆依他攝。撥因緣無黜依他有，彼惡取空流，諸佛說爲不可救藥者。

第七　抉擇五法談正智

眞如是所緣，正智是能緣。能是其用，所是其體，詮法宗用，故主正智。熏習能生，無漏亦然。眞如體義，不可說種，能熏、所熏、都無其事。漏種法爾，無漏法爾，有種有因，斯乃無過。「分別論者」無法爾種，心性本淨，離煩惱時即體淸淨爲無漏因，如乳變酪，乳有酪性。是則以體爲用，體性旣淆，用性亦失；（體爲其因，因是生義，豈是不生？自不能立，須待他體以爲其因，故用性失。）過即無邊。（本論出過備有八段，至文講釋。）

分別論：　心性本淨，（一）客塵煩惱所染汚故，名爲雜染；（二）離

煩惱時，轉成無漏。（三）

起信論：是心從本以來自性清淨，（一）而有無明；爲無明染有其染心。（二）雖有染心而常不變，（中略）所謂以有眞如法故，能熏習無明。（中略）謂菩薩發心勇猛速趣涅槃故。（三）

分別論：無爲法有九，第八緣起支無爲。緣起非即無爲，然有無常生滅之理是常是一，說名無爲，（一）能令緣起諸支隔別有轉變故。（二）

起信論：以依眞如法故，（一）有於無明，則有妄心，不覺念起現妄境界，造種種業，受一切身心等苦。（二）

熏習義者、如世間衣服實無於香，以香熏習則有香氣。世間衣香，同時同處而說熏習；淨染不相容，正智、無明、實不並立，即不得熏。若別說不思議熏者，則世間香熏非其同喻。又兩物相離，使之相合則有熏義，彼蘊此中，一則不能。如徧三性，已徧無明；刀不割刀，指不指指，縱不思議，從何安立？

第八　抉擇二無我談法無

執之異名爲我；煩惱障存則有人我，障其所知則有法執。大乘悲增，修一切智，十王大業、貫徹法空。三科、緣起、處非處、根、六種善巧，法相所修。自性、相應、色、及無爲、百法明門、一切唯識。相應如如，歸無所得。一極唱高，寧有容上！

第九　抉擇八識談第八

（一）五教十理及於八證而立此識：　此義在八段十義後，姑不必談，然顯揚先談建立後說體業，讀者心朗；今雖不能詳談，亦必略表其目。其顯近易知者，更抉一二別續而詳之。

五教大意

五識無依義。

六識無攝藏義。

六識無執持法種、執受色根、執取結生相續義。

「大衆」根本識、「上座」有分識、「化地」窮生死蘊、「有部」愛樂欣喜阿賴耶、五教外之小教皆談第八。

十理大略

唯識十理　　瑜伽、顯揚、對法八證

一持種心——四有種子性

二異熟心——六身受差別

三趣生體

四能執受——一依止執受

五持壽煖

六生死心——八命終不離

七二法緣

八依識食

九識不離——七二定不離

二並不初起

三並則明了

五業用差別

十染淨心

（二）唯識以識攝蘊而立此識：羯羅藍位、五識不行，而名色經言，識緣名色，名色緣識；則七八仍行。受想行識之名及色爲五蘊，五蘊中之識爲名中識，但是六識。名色緣識之相依識乃是八識。相依識與名中識互爲其緣，是即八識與六識互爲其緣耳。法相以蘊攝識，所被極廣，及於二乘。是故不善般若經，僻執聲聞藏，都但說六，信有五蘊，不信賴耶。時多邪慧，正學荒蕪；六識不足範圍，更恃誰何而堪折正？

（三）深細不可知之識是此識：　二定、無想天、睡眠、與悶絕、此之五位六識不現，七八仍行。且談眠悶、粗顯免爭。死生一寤寐間耳，斯又何奇？寤而復醒，仍依此身；死而又生，但身別易。身依容異，識有是同。但是細微極深無底，非若六識粗淺可知。若以深細不知而即言無，無則現前粗細俱無，云何熟睡昏迷，震驚仍覺？此意深長，烏容釋究。斯固知八識持種，六雖不現，種爲八持，斷而復續。職是之由，立有八識，夫然後理可通也。

（四）不爲聲聞而立此識：　攝論云：「何故聲聞乘中不說此心名阿賴耶識、名阿陀那識？由此深細境所攝故。所以者何？由諸聲聞不能於一切境智處轉，是故於彼雖離此說，然智得成，解脫成就；故不爲說。若離此識，不易證得一切智智。」深密經云：「阿陀那識甚深細，一切種子如暴流，我於凡愚不開演，恐彼分別執爲我。」一則無用乎此，二則益其僻執；不立之由，誠如經論。

（五）因爲大悲而立此識：　云何而悲？觀衆生百一十苦而起大悲。

觀衆生昧三十二法而起大悲。云何觀衆生而起大悲？無人，無我，無衆生，皆一心之差別。此識持一切種，徧周沙界；周沙界識網周沙界，相繫相維，相與增上，觀乎衆生自然而悲。心穢則佛土穢，心淨則佛土淨。悲其穢矣，屬其心矣，必了心體，有斷然者。

第十　抉擇法相談唯識

一時極唱，性相兩輪。明了而談，一遮一表。都無自性故，所以必遮；相應如如故，所以必表。法相賅廣，五姓齊被；唯識精玄，唯被後二。詳見他叙，此姑不贅。（瑜伽論叙十義，眞品叙六義，參看。法相攝阿達磨全經，唯識攝攝大乘一品。法相攝十二部經全部，唯識攝方廣一部。）

二、唯識抉擇談

歐陽竟無先生演講
聶耦庚筆記　呂澂校訂

第一次（民國十一年九月二日）

「將談成唯識論之八段十義，先於本宗要義作十抉擇而談。」（引用標以內係直錄演講原稿之文，以下並同此例。）將談十抉擇，先明今時佛法之蔽。其蔽爲何？略舉五端：

一者，自禪宗入中國後，盲修之徒以爲佛法本屬直指本心，不立文字，見性即可成佛，何必拘拘名言？殊不知禪家絕高境界係在利根上智道理湊拍之時。其於無量劫前，文字般若熏種極久；即見道以後亦不廢諸佛語言，見諸載籍，非可肊說。而盲者不知，徒拾禪家一二公案爲口頭禪，作野狐參，漫謂佛性不在文字之中；於是前聖典籍、先德至言，廢而不用，而佛法眞義寖以微矣。

二者，中國人之思想非常儱侗，對於各種學問皆欠精密之觀察；談及佛法，更多疏漏。在教理上既未曾用過苦功，即憑一己之私見妄事創作。

極其究也，著述愈多，錯誤愈大，比之西方佛、菩薩所說之法，其眞僞相去誠不可以道里計也。

三者，自天台、賢首等宗興盛而後，佛法之光愈晦。諸創教者本未入聖位，（如智者即自謂係圓品位。）所見自有不及西土大士之處。而奉行者以爲世尊再世，畛域自封，得少爲足，佛法之不明宜矣。

四者，學人之於經典著述，不知抉擇。了義不了義乎，如理不如理乎，皆未之思也。既未之思，難免不誤。尅實而談，經論譯文雖有新舊，要以唐人新譯爲勝。唐人之書間或深博難通，然其一語義俱極諦審，多舊譯所不及。又談著述，唐人亦稱最精。六朝要籍未備，宋明古典散亡，前後作者之於依據，難云盡當。今人漫無簡擇，隨拾即是，所以義解常錯也。

五者，學人全無研究方法；徘徊歧途，望門投止，非視學佛爲一大難途，即執一行一門以爲究竟，如今之言淨土者即是。如此安望佛法之能全顯露耶！且今之學者視世出世智截然異轍，不可助成，於是一切新方法皆排斥不用；徒逞玄談，失人正信，比比見矣。

欲祛上五蔽，非先入唯識、法相之門不可。唯識、法相、方便善巧，道理究竟。學者於此研求，既能洞明義理，又可藥思想儱侗之弊，不爲不盡之說所惑；且讀唐人譯述，既有了義之可依，又得如理之可思，前之五蔽不期自除；今所以亟亟提倡法相唯識也。抉擇之談理難詳盡，『時俗廢疾、略而起之，要其精義、絡繹隨文。』

第一　抉擇體用談用義

『無爲是體，有爲是用；』此粗言之也。若加細別，則有體中之體、體中之用、用中之體、用中之用。今先言其粗者：無爲有八，即虛空、擇滅、非擇滅、不動、想受滅、（此五皆就眞如義別而立。）三性眞如、是也。云何虛空？眞如離障之謂。云何擇滅？由慧簡擇得證之謂。云何非擇滅？緣缺不生之謂。云何不動？苦樂受滅（即第四禪）之謂。云何想受滅？離無所有處欲，想受不行之謂。云何三性眞如？謂善、惡、無記法中清淨境界性。蓋眞如徧一切一味，非惡無記中即不遍也，此理須辨。無爲法不待造作，無有作用，故爲諸法之體。反之由造作生，有作用法。即是有爲，故有爲是用。此所謂粗言體用也。次細分體用有如左表：

一、體中之體　一眞法界
二、體中之用　二空所顯眞如（又三性眞如）
三、用中之體　種子
四、用中之用　現行

何以謂一眞法界爲體中之體？以其周徧一切故，諸行所依故。何以謂二空所顯爲體中之用？以其證得故，爲所緣緣故。何以謂種子爲用中之體？以種子眠伏藏識，一切有爲所依生故。何以謂現行爲用中之用？以現行有强盛勢用，依種子而起故。此總言體用也。如更以相明體用二者，則「非生滅是體，生滅是用；常一是體，因果轉變是用。」何謂非生滅與生滅？欲明此義，須先解刹那義。刹那者，念之異名。念者，變動不居之幻相也。吾人一生心之頃，有無數幻相於中顯現，非可以暫時止息。此頃間無數幻相、以其至促至細，故假以刹那之名。言刹那者，微細難思，纔生即滅，不稍停留；正成果時、前念因滅，後念果生，如秤兩頭低昂時等。（然將成果時種現同在一處，此即因果同時之義。）當情幻現，亙古遷流，所謂生滅大用，其實如是。反乎此則是非生滅之相也。

復次，何謂常一與因果轉變？轉變即是生滅。因果生滅，相續幻現，證得其實相，是謂如幻三昧，亦名不空金剛。蓋幻相歷然，如量顯現，不壞一法成其全知，故曰如幻三昧。有種能生，勢用終存，幻作宇宙衆相，從無始來盡未來際轉變而現，故曰不空金剛。所謂因果轉變其相如是。反乎此則是常一之相也。

上以諸相顯體用，體用之義則已明矣。然「有爲生滅因果無漏功德、盡未來際，法爾如是，非獨詮於有漏也。」生滅向流轉邊是爲有漏，向還滅邊是爲無漏。從來誤解生滅之義，以爲非無漏果位所有；所據以證成者，則涅槃生滅滅已寂滅爲樂（大論十八譯作由生滅故彼寂爲樂。）之文也。此蓋不知寂滅爲樂之言非謂幻有可無，大用可絕，滅盡生滅別得寂滅，亦幾同乎斷滅之見而視佛法如死法也；其實乃了知幻相，無所執著，不起惑苦，遂能生滅不絕而相寂然；夫是之謂寂滅爲樂也。諸佛菩薩皆盡未來作諸功德，常現其幻，生滅因果又如何可無耶？『是故須知有爲不可歇，生滅不可滅，而撥無因果之罪大。又復須知一眞法界不可說。』何以故？不可思議故，絕諸戲論故。『凡法皆即用以顯體；』十二分教皆詮俗諦，皆就用言。『又復須知體則性同，心佛衆生三無差別；用則修異，流轉還滅語不同年。』

第二次（九月四日）

第二　抉擇四涅槃談無住

涅槃一名，向來皆以不生不滅解釋之，此大誤也。不生不滅所以詮體，非以詮用。諸佛證得涅槃而作諸功德盡未來際，故其涅槃實具全體大用無所欠缺；其體固不生不滅，其用則猶是生滅也。此生滅之用所以異於世間者，以盡破執故，煩惱、所知、二障俱遣；以眞解脫故，相縛、麤重縛、一切皆空。障縛既除，一切智智乃生，即此妙智以爲用，一切自在而有異於世間。假使僅以不生不滅爲言，則涅槃猶如頑空，果何以詮於妙智之用耶？

　　涅槃義別有四，即自性涅槃、有餘依涅槃、無餘依涅槃、無住涅槃是也。自性涅槃者、諸法自體性本寂靜，自然具有，不假他求，凡夫三乘無所異也。有餘依涅槃者，顯苦因盡，苦依未盡、異熟身猶在，故名有餘依。無餘依涅槃者、有漏苦果所依永滅，由煩惱盡果亦不生，故名無餘依。此二皆就滅諦爲言，故三乘具有而非凡夫。無住涅槃者、就大用方面以詮，諸佛如來不住涅槃，不住生死，而住菩提；菩提者即因涅槃體而顯之用，非可離涅槃而言之也。體則無爲，如如不動；用則生滅，備諸功德；曰無住涅槃、即具此兩義。此唯大乘獨有，非二乘之所得共。今本宗之所側重、則在是也。

　　『佛爲一大事因緣出現於世。大事因緣者、所謂無量衆生我皆令入無餘涅槃而滅度之是也。』或者曰：何不曰令入無住涅槃，而謂無餘涅槃耶？解之曰：涅槃爲全體大用，在前已明；今茲無餘就體邊言，即亦賅用邊言之。體用不離，故舉無餘即所以顯無住。法華經有法身說法不假言詮之義；其全體表白即全用顯現，最可以見無餘不離無住之理。又無餘涅槃四姓齊被，三乘通攝，故獨舉以爲言也。有人於此不如理思，「遂有歧途曰：大事因緣、出離生死，灰身滅智。」此惑之甚者也。大智由大悲起；聖者不斷生死，但於生死因緣既明了不迷，雖復生死而不爲生死漂流；如是乃能出入生死以說法度生，如是乃得謂永遠出離生死證得涅槃。此豈灰身滅智之可比者？「故唯識家言，雖則涅槃而是無住；不住生死，不住涅槃，盡未來際作諸功德。然作功德乃曰無住，而相寂然仍曰涅槃。金剛般若不壞假名論亦作是說：無餘涅槃者何義？謂了諸法無生性空，永息一切有患諸蘊，資用無邊，希有功德清淨色相圓滿莊嚴，廣利羣生妙業無盡。是則無餘涅槃者決非灰身滅智之謂也。」自其了諸法無生性空永息一切取蘊所知清淨能知圓滿方面言之，即是涅槃寂靜相；自其資用無邊妙業無盡廣利羣生方面言之，即是無住功德相。涅槃寂靜相者顯體，無住功德相者顯用。故學無餘涅槃即所以顯無住涅槃也。

「此大事因緣亦即是佛唯一不二之教。」佛雖三時說法，分乘為三，然教唯是一，即一切衆生我皆令入無餘涅槃而滅度之也。「諸有不知，說頓，說漸，說半，說滿。」如天台有四教之判，賢首亦有五教之稱。尋其依據，天台則無量義經，賢首則瓔絡本業經，皆以事義判別，教味無殊；故說四說五，以義言則可，以教言則不可。教所趣歸，三乘無別，故謂三獸渡河河流是一也。諸有味此義者，「豈識圓音無非一妙，聞者識上故局一偏，」瀛渤潢汙率視其量。「然子貢因論學而知詩，子夏因論詩而知禮；執詩執禮，世典且難，況於佛說？」

行者修習地波羅蜜有地前、地上、地後、之三期。地之為言、近取譬也。能生，能持，其象如地，故以地喻。地前二位，曰資糧，加行。資糧位曰順解脫分，加行位曰順抉擇分，即地前七方便；所謂十住、十行、十向、煖、頂、忍、世第一法、是也。地上二位，曰見道、修道、即由初地乃至十地是也。地後一位，曰究竟，即等覺妙覺是也。又地地有三心，曰入、住、出。即地地有四道，曰加行、無間、解脫、勝進。以四道配三心，入心則加行道也，住心則無間道解脫道也，（無間道是正住，解脫道是住果。）出心則勝進道也。因有勝進，乃得愈趣勝妙至於圓滿。修行次第雖如是其繁，然一以涅槃貫之，無異趣向。『故初發心入資糧位曰順解脫分，金剛喻定曰無間道，大覺極位得大菩提曰解脫道，』其因、其果、皆以解脫爲言也。

『問：教既是一無餘涅槃，然發心者不曰發涅槃心而曰發菩提心，證果者不曰證解脫果而曰證大覺果，何耶？答：涅槃是體，菩提是用，體不離用；用能顯體。即體以求體，過則無邊；但用而體顯，善巧方便。用當而體現，能緣淨而所緣即眞，說菩提轉依即涅槃轉依；唯識所以巧妙莫階也。』諸有不知如是義者，每以現法樂住爲涅槃，如初禪之離欲、二禪之離苦、三禪之離喜、四禪之離樂、乃至於神我周偏、自然、（道家以用爲體。）自在、（上帝造物之類。）哲學眞理、儒家世樂。（暫時息機。）此皆悞以體爲可求，妄搆似相執著之；然此似相轉瞬即非，樂且無常，況云涅槃。至於佛法，但於用邊著力，體用不離，用旣面面充實。不假馳求全體呈現，不期而然。是故菩提轉依不異涅槃轉依，於發心者亦不曰發涅槃心而曰發菩提心也。又『諸佛與二乘解脫身同，牟尼法身不同。』牟尼法身具足涅槃菩提之果，功德莊嚴，『故不曰證解脫果，』而曰證大覺果。

第三次（九月六日）

第三　抉擇二智談後得

智是抉擇之謂。於一切所知境當前照了，復能抉別簡擇，明白決定，無隱蔽相，無迷惑相，是以謂之抉擇。此與慧異。慧是有漏，與我見相應，不離執著，常不如理分別而有迷昧；故有執之識（六七識）決定俱有。又慧雖間有抉擇之功用，然不盡明徹，偏而不全，皆與智有別。是以對治功用獨舉智爲言也。智凡有三：一曰加行，二曰根本，三曰後得。加行未能究竟，根本究竟而不能起言說以利他，故今又獨舉後得而談也。

加行智何以非究竟？『加行智、四尋思後四如實，見似非眞。』加行智所得蓋爲似相眞如。當其加功而行，尋思名、義、自性、差別、皆假，而如實了悟之際，雖與眞抉擇相順，聞思工夫亦不可以忽而視之，然其所證則未至究竟處也。

根本智何以不起言說以利他？曰：『根本智入無分別，斯乃見道。』無分別云者，非空除一切之謂，乃不變種種相狀相分而泯諸分別之謂也。正智緣如，恰如其量，能所冥契，諸相叵得，如是乃爲誠證眞如，名曰見道。此時戲論既除，思議不及，故無言說可以利他也。利他之用恃相見道。『然眞見一三又益之相見十六者，必後得智見乃周圓。眞見自悟，相見悟他；有一衆生未成佛，終不於此取涅槃，菩薩以他爲自故。』所以須起後得智以悟他也。

何謂眞見一三？釋眞見道有一心、三心、二家之言。一心眞見道者、謂根本智實證二空眞理，實斷分別煩惱所知二障，雖多刹那事方究竟，而前後相等，不妨總說一心。三心眞見道者，謂由三方面緣遣一切有情等假：一則內遣有情假，二則內遣諸法假，三則徧遣一切有情諸法假。以是前後續起有三。是皆以根本無分別智爲其體。

何謂相見十六？眞見道後次第起心，取法眞見道中無間解脫二道能緣正智，所緣四諦眞如，變起相分，重加分別以說與他；於此有二重十六心差別。第一重十六心有如次表：

八心觀眞如
- 苦
  - 苦法智忍
  - 苦法智
- 集
  - 集法智忍
  - 集法智
- 滅
  - 滅法智忍
  - 滅法智
- 道
  - 道法智忍
  - 道法智
- 苦
  - 苦類智忍
  - 苦類智

八心觀正智

- 集
  - 集類智忍
  - 集類智
- 滅
  - 滅類智忍
  - 滅類智
- 道
  - 道類智忍
  - 道類智

何謂法（四諦教）忍？忍之爲言忍可也；雖則忍可，而未重證，重證取者、要須法（四諦如）智。法忍雖已入住，而火候未熟，法智乃得圓證解脫。（此即取法眞見解脫道故爾）。於此了知法忍有觀之用，而法智則有證之用，此二者之區別也。然法忍、法智、皆係外觀，觀所緣故。類（後法是前法之類曰類。）忍、類智、皆係內觀，重觀能緣故用，慧爲忍，用智爲智，要由無漏慧無間引生無漏智故，先後次第如此。

於此亦有歧說，謂眞見一心、相見三心十六心者，以三心別緣人法，同於安立，故亦說之爲相見。斯說也，唯識從之，吾今不從。何以故？三心遣假，泯諸分別，不過次第總別有異，而與相見所緣四諦無關；故以眞見一心三心、相見十六心、爲盡理也。

大乘相見道重之以兩重十六心，故後得智之功用極大。『菩薩於何求？當於五明求。一切智智、五明是資。聞思所成、修慧引生。直往（菩薩）不迴心，趣（發心）異於初今。若入果位、所作獨攝，成所作智唯後所得智攝。餘三通二。圓鏡、平等、觀察、三智皆通根本後得。如理（根本智證會眞如）匪艱，如量（後得智遍知依他）實繁。盡所有性，斯乃殊勝。此義引伸，讀菩薩藏經。』

元明人未見古籍，多昧後得妙用之義，至有解八識規矩頌而輕視果位五識爲未至者；今且一旁辨之。頌曰：變相觀空唯後得，果中猶自不詮眞。變相觀空是後得智。其根本智無有影像，親證眞空；後得則帶空相而觀空也。前五淨識至果位而後有，雖無根本智，不可證眞，然其妙用，即依後得而不窮，並非以其不詮眞即有所未至也。

又在因位起六七後得智，更有斷惑之用。惑從迷事起者、（此就親迷而言，貪、瞋、慢、無明、戒取、見取等煩惱、皆是。）一分通後得智斷。惑從迷理起者、（就親迷言，疑、無明、身見、邊見、邪見等煩惱、皆是。）一分不執非獨頭起，同於迷事，大乘修道斷之亦用後得智；故後得智之用大也。

「問：唯識義是用義，於涅槃則無住，於菩提則後得；無住、後得、證（根本智證眞如）以後事則依智不依識、何不曰唯智而曰唯識耶？答：無漏智强識劣，識應其智，智實主之。有漏識强劣，（此智體即是慧。又此有漏指地上所起者言。）智應其識，識實主之。五位而及於資糧、加行，（此皆用識爲主。）百法而及於煩惱、不定；作意在凡外小內故，（凡夫外道小乘內大不善用取者。）法爲衆建故，舍智標識而曰唯識。」

第四次（九月八日）

第四　抉擇二諦談俗義

性相二宗俱談空義，但性宗之談係以遮爲表，相宗之談係即用顯體。

以遮爲表故一切諸法自性皆無，即用顯體故依他因緣宛然幻有，此兩宗之大較也。

性宗之空，龍樹與清辯所談前後逈別。所謂以遮爲表者、惟龍樹得之，讀大智度論可以概見。蓋勝義諦本非言詮安立處所，說之不得其似，遮之乃爲無過。譬如言紅，紅之相貌難於形容，愈描畫必愈失眞，不若以非青非黃非白遮之；此雖未明言何色，而意外既有非青黃白之紅色在。龍樹言空，大都如是，故爲活用。善解其義者，固不見與相宗牴觸，其實且殊途同歸矣。後來清辯之徒意存偏執，但遮無表，所談空義遂蹈惡取，相宗破之不遺餘力，未爲過也。

相宗談空所謂即用顯體者，此蓋於能安立言詮之處（即相）直以表爲表也；故曰無能取所取而有二取之無。（此即顯空以無性爲性。）此義詳於辨中邊論。論以五義辨空性。第一爲相，即謂空性非有（無二取。）非無，（有無性。）非一非異。（此與虛妄分別對辨。）第二爲異門，第三爲異門義，謂空性假名有五，義即各別。所謂五者：一眞如，無變義。二實際，非顚倒義，三無相，相滅義。四勝義，最勝智所行境義。五法界，一切聖法緣此生義。對法解空，七門分別，除前五外加無我性及與空性。般若解空亦有十四門分別，除前五外更加法性、空性、不虛妄性、不變異性、平等性、離生性、及與法住、虛空界、不思議界。但般若異門皆就遮遣爲言，此與中邊對法謂有「無相」者實不同也。第四空性差別，略有二種。一染淨差別，由用有垢無垢以顯。十二分教捨染淨法外，別無可說，故顯揚聖教亦即此二門而顯揚之。蓋流轉、還滅、於斯建立，一切佛法不能外也。二所治差別，依對治法說，有十六種。一內空，六根空故。二外空，六塵空故。三內外空，根身空故。四大空，器界空故。五空空，對治內外一切執故。六勝義空，如實行所觀眞理即空故。七有爲空，八無爲空，二淨法空故。此之八空依境上立。九畢竟空，饒益有情所爲即空故，菩薩以他爲自，衆生盡成佛乃證果故。十無際空，生死無際即空故，不住涅槃不畏生死故。十無散空，直至涅槃無一時而間斷故。此之三空依行上立。十二本性空，種姓本有即空故。十三相空，大士相好即空故。十四一切法空，令力無畏等一切佛法皆得清淨即空故。此之三空依果上立。十五無性空，無人法實性故。十六無性自性空，無性爲空自性故。此之二空總依境行果三上立。如是十六空，顯揚同一建立。復有異門。大論七十七、加此無所得，說十七空，般若第三分則立十九，加所緣、增上、樂無。（四禪天）又二會則立十八，於十六空除相空，加自共相、不可得、自性、三種。一會則立二十，同上分自共相爲二，又加散空。勘之可知。（中邊述記卷一具引。）第五空性成立。總括頌云：無染應自脫，無淨應無果，非染非不染，本淨由客染。蓋染淨是境，解脫是行，得果淨是果，三者相因。設無染淨之境，何得有於行果？又說染淨依用而殊，無關本性。中邊就相詮空，故得如此切實詳盡；此蓋一宗大旨所在也。

性宗之辨空有也、以二諦相宗之辨空有也、亦以二諦。「空宗俗有眞無，相宗則俗無眞有。俗有眞無者，於世俗諦一切皆有，於勝義諦一切皆空。般若所談，非義遮義，匪是其表。」清辯之徒從此立論，如上已說。「俗無眞有者，於世俗諦瓶盆徧計一切皆無，於勝義諦一眞法界圓成而實。然此眞俗唯是一重；若說依他，則四眞俗。三科、四諦、及與二空、眞之前三即後三俗。」此四重二諦之說、乃窺師本大論六十四及護法義建立者，料簡空有，精審無倫。今更表明其大概如次：

次表所列四重二諦之名皆從略稱，若具列之，四俗諦一曰假名無實諦，二曰隨事差別諦，三曰證得安立諦，四曰假名非安立諦；四眞諦一曰體用顯現諦，二曰因果差別諦，三曰依門顯實諦，四曰廢詮談旨諦

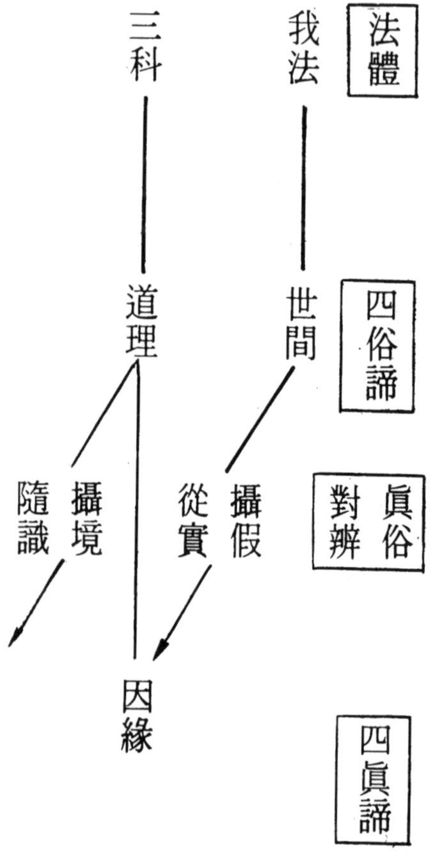

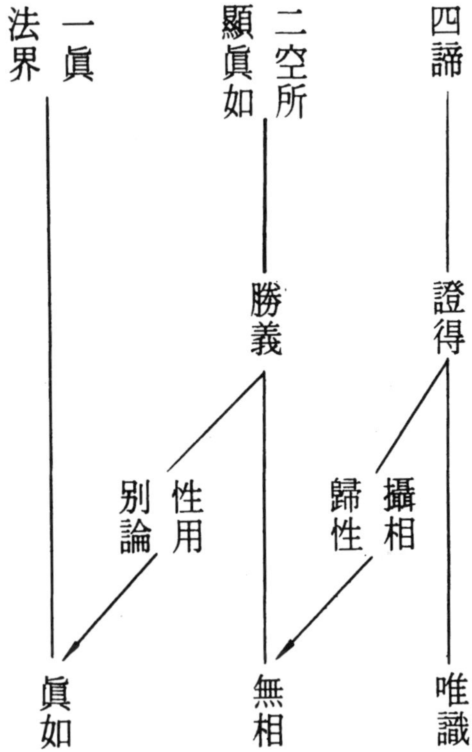

四俗中初遍計是無，四眞中後圓成叵說，惟後三俗與前三眞、是依他法，或其所證。『眞俗皆有；俗則如幻，眞則不空，是詮是表，非是其遮。瑜伽所說，不空空顯，如幻幻存，善巧絕倫，於斯觀止！空宗俗有乃相宗初俗，是爲情有，情則有其偏計瓶盆也。空宗眞無乃相宗後眞，是爲理無，理則無其偏計瓶盆，俱以一眞法界不可名言也。若夫眞之前三、俗之後三、不可名而可名，不可言而可言，不了義經烏乎齊量？」

第五　抉擇三量談聖言

就用而談「取捨從違、自憑現量。然眞現量、見道乃能；非應無漏，雖現而俗。」蓋現量之現有三義：一者現成，不待造作，當體顯露。二者現見，全體呈現，無一毫模糊。三者現在，現前實現，非過未無體。此三義約識分別，則第八識恆時現量，而微細不可知；五六識少有其義，以有執故唯是率爾心（墮境第一念）得，非如無漏之可以久也。蓋前五依第六識，第六識依意根。意根有染，前六識有現量時亦不免有染。由此可知，前六識所有現量唯是世俗，實不可恃。「據俗而評，患生不覺。故唯聖言、最初方便，馴至證眞，縱橫由我。譬如五根，（此謂淨色也。別有粗色相扶助者、名爲扶根塵。舊亦視同根類，而謂爲浮塵根，實屬錯誤。）五識難緣，恃聖言量，以能發識比知有根。譬如賴耶，意識難知，恃聖言量，以能執持比知有八。不信聖言，瓶智涸海。聖不我欺，言出乎現，問津指南，豈其失己？」

第五次

第六　抉擇三性談依他　（九月十一日）

依義淨寄歸傳之說，「空宗以二諦爲宗，故談眞絕對；相宗以三性爲宗，故因緣幻有。因緣幻有者、依他起也。」本宗安立三性，理兼空有；而以因緣幻有之依他起爲染淨樞紐，包括全體大用於無餘，故今所談獨在於是。「他之言緣，顯非自性。緣之爲種；法爾新生起有漏種，法爾新生起無漏種，都爲其緣。」法待緣生，即無自性，即顯畢竟空義。此與空宗本屬脗合，觀中論因緣所生法我說即是空亦名爲假名亦名中道義（此即天台三觀所本。）一頌可知。但龍樹，雖知有賴耶，而不談其持種受熏，於因緣生法之實際略焉不詳。至於清辯變本加厲，並賴耶亦遮撥之，緣起道理遂不能澈底了解。以視本宗立義，無即說無，有亦說有，稱量而談於我無與者，其相去誠遠矣。

緣起通於有漏無漏，依他起法即有二別。「有漏緣生曰染依他、無漏緣生曰淨依他。」偏計圓成二性即依依他而顯。「執爲實有曰偏計所執，空其所執曰圓成實。夫以成之爲言乃一成不變義者，則是常義，即涅槃常樂我淨義；彼依他緣生則三法印者，無常義無我義苦義。若以成之爲言爲究竟斷染義者，則淨分依他是其所事，體偏而用亦偏，非虛而亦非染；圓實二義依他別具。三界心心所是虛妄分別故，淨分依他攝屬圓成。若分別立名唯目緣慮，則淨分染分皆依他攝。撥因緣無，黜依他有，彼惡取空流、諸佛說爲不可救藥者。」即如清辯造掌珍論，有頌曰：眞性有爲空，緣生故如幻，云云，撥無依他起法。此頌具足三支，成一比量。（眞性簡過，有爲正是有法，空是其法，合之爲宗。緣生故爲因。如幻爲喻。）然量有過，立義不成。清辯宗俗有眞無，以眞性言簡有爲是其眞諦，故性本空。然對本宗眞性有爲勝義是有，如此出量，便犯因明有法一分不極成過。又因喻云緣生故如幻，此雖遣法自性，而不遮功能，即可幻有，如何空無？故此量有過不能立也。據此談空，便鑄大錯。若以本宗道理解者，即可用其因喻立相違量云，眞性有爲非空非不空，緣生故，如幻。蓋緣生法分明有相，是故非無；待緣而起，生滅不停，取喻如幻。（楞伽幻不自生依明咒起，亦是緣生。）即因緣生法非有自性，不從自故，不從他故，不從共故，非自然生故；唯各自種子仗託而起，生必有滅，無實作用，故緣生諸法又畢竟性空；此亦喻之如幻。眞性有爲空一頌別見於楞嚴經，清辯立說似依至教；然在當時清辯對敵立宗並不提明此是聖言。若是聖言，顯揭以談，諍論冰銷，何勞千古？護法宗徒縱加破斥，而亦未聞有人據爲叛教。奘師東傳法相，又亦未聞說有此經；故其門下直就量破，不留餘地。（經若果聖言，顯蹈悖謬，豈其有智！故楞嚴一經入於疑僞，非無因也。經文更有可疑之處，今不具舉。）

第七　抉擇五法談正智

五法者何？相、名、分別、正智、眞如、是也。云何爲相？謂若略說所有言談安足處事。云何爲名？謂即於相所有增語。云何爲分別？謂三界行中所有心心所。（有漏心法）云何爲正智？（無漏心法）即是世出世間如量如理之智。云何爲眞如？即是法無我所顯、聖智所行、非一切言談安足處事。此之五法、前四爲依他起，（分別一種合諸識見相分而言。然安慧別義、淵源性宗，以相見爲遍計無，不可遵信。）後一爲圓成實。或爲能緣，或爲所線，先總括爲一表：次釋其義。（分別惟緣相、名。正智自緣其智，亦緣分別，以成一切智智，將能作所故。篇末附錄答梅君書，可以參看。）

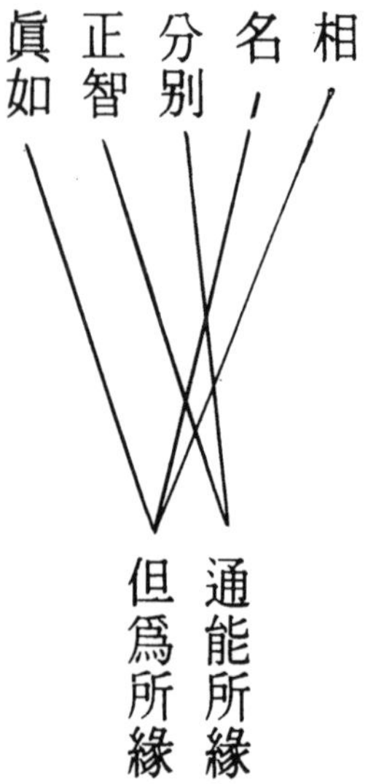

就無漏言，『眞如是所緣，正智是能緣。能是其用，所是其體。詮法宗用，故主正智。』用從熏習而起，『熏習能生，無漏亦然。眞如體義，不可說種，能熏、所熏、都無其事。漏種法爾，無漏法爾，有種有因，斯乃無過。』是故種子是熏習勢分義，是用義，是能義。正智有種，眞如無種，不可相混。眞如超絕言思本不可名，强名之爲眞如，而亦但是簡別。眞簡有漏虛妄，又簡徧計所執。如簡無漏變異，又簡依他生滅。此之所簡、意即有遮。蓋恐行者於二空所顯聖智所行境界不如理思，猶作種種有漏虛妄遍計所執或無漏變異依他生滅之想，故以眞義如義遮之。是故眞如之言並非表白有其別用。（如謂以遮作表，亦但有表體之義。本宗即用顯體，以正智表眞如淨用，即但視眞如之義爲遮。）古今人多昧此解，直視眞如二字爲表，益以眞如受熏緣起萬法之說，遂至顚倒支離莫辨所以，吁可哀也！

第六次（九月十三日）

（續講前節）眞如緣起之說出於起信論。起信作者馬鳴學出小宗，首宏大乘；過渡時論、義不兩牽，誰能信會，故立說粗疏遠遜後世，時爲之也。此證以佛教史實無可諱言者，次請約略述之。佛滅度後、小宗盛行。約百餘年。有大天者唱五事以說阿羅漢不遺所知障、未爲究竟。（上座部學者堅守舊義，故毗婆沙論、異部宗輪等、皆斥大天爲極惡、不留餘地。）五事者，頌云：餘所誘無知，猶豫他令入，道因聲故起，是名眞佛教。阿羅漢仍有煩惱習氣爲天魔嬈，是爲餘所誘。又微細無明不染污者未除，是爲無知。處非處善巧方便未得，是故猶豫。自證不知，仗他指示，是故他令入，因聲聞得道，故道因聲起。即此五事是名佛法。當時四衆爭論甚盛，遂分兩部；從此說者爲大衆部，不從者爲上座部。自後迄於佛滅四百餘年。兩部又屢屢分歧，大衆部分爲九，上座部析爲十一，合有二十。其間說理精粗頗有等差，其最精處且有接近大乘性相兩宗而開其先路者。馬鳴初宏大教，由粗而精，由雜而純，法爾如是，無待飾言。今先表諸部分裂之次第，再敘其理論之大概。

（佛滅後百餘年）（第二百年間）（——第三百年間——（第四百年初））

（一）大衆——
（三）一說
（四）說出世
（五）雞胤
（六）多聞
（七）說假
（八）制多山
（九）西山住
（十）北山住

（二）上座（雪山）——（十一）說一切有——（十二）犢子——（十三）法上

（十四）賢胄
（十五）正量
（十六）密林山
（十七）化地——（十八）法藏
（十九）飲光
（二十）經量

諸部異執若以淺深列成次第，凡得六宗。第一犢子部「我法俱有宗，」計我在蘊外，非有爲無爲；此正對破外道所計主宰常遍之我。第二說一切有部等「我無法有宗，」此計三世三科皆屬實有，但不立實我，較犢子部之說爲進。第三大衆部「法無去來宗，」於三世法中惟說現在法及無爲法有。第四說假部「現通假實宗，」於現在法中又分別界處是假，（不可得故）惟蘊是實。第五說出世部「俗妄眞實宗，」於現在實蘊更分別世俗是假，勝義是眞。第六一說部「諸法但名宗，」於勝義世俗蘊法說爲但有假名。此上四宗立義漸次精微，至於諸法但名則幾與法性宗說相銜接矣。然說法實有，乃小宗之通執。其間異論，或謂現在蘊法是實，界處是假；說假部、（分別論之末流。分別論者，合大衆、一說、說出世、雞胤、四部而名之。）成實論、（經量部別派。）皆同此計。或謂界是實法，蘊處是假；經量部本宗作此計。又或謂界處是實，蘊是其假，俱舍論作此計。（俱舍用經量部義，故亦是其別派。）所謂界則是因義種子義也，故小宗視界為實法者、自然意許有種，而其立說側重用邊，與大乘法相宗立種子義以界處攝無為而闡明依他者頗相接近。又小宗視界為假法者、自然不許有種，而其立說側重體邊，與大乘法性宗遮撥種子惟談圓成者亦甚接近。大乘教雖非直接自小宗出，然流布較後，傳播者對機立說，其與小宗思想難免關涉，不辯可知。今即本上所說，略示大小關合之點以成一表如次：

觀上表即可知法性宗之不立種子頗與分別論等相近，而首先就法性立說之馬鳴起信論即極見有此種形迹。又馬鳴初在中印度盛唱異說，中印度則分別論流行之地也，其思想之受影響當有不期然而然者。及後爲脇尊者弟子，北去迦濕彌羅，從五百尊者之後筆受毗婆沙論（解釋有部本論發智論）之文，備聞一時有部諸師異論，不能愜懷，以至於別宏大乘，其取反對一切有部之思想如分別論等者，又屬應有之事，可無待言也。然分別論之義頗覺粗淺支離，馬鳴爲相似之談，其失遂同。『分別論者無法爾種，心性本淨，離煩惱時即體清淨爲無漏因，如乳變酪，乳有酪性。是則以體爲用，體性既淆，用性亦失，（體爲其因，因是生義，豈是不生？自不能立，須待他體以爲其因，故用性失。）過即無邊。（本論出過備有八段，

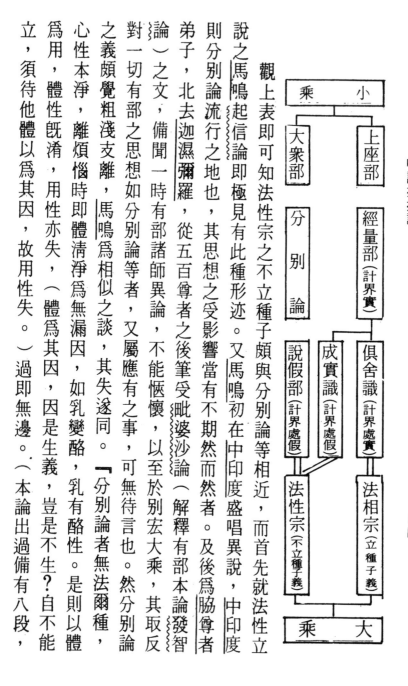

至文講釋。）」馬鳴之論與分別論相似處，觀下所對列各條自明。

「分別論：　心性本淨，（一）客塵煩惱所染汚故，名爲雜染；（二）離煩惱時轉成無漏。（三）

起信論：是心從本以來自性清淨，（一）而有無明；爲無明染有其染心。（二）雖有染心而常恒不變。（中略）所謂以有眞如法故，能熏習無明。（中略）謂諸菩薩發心勇猛速趣涅槃故。（三）

分別論：　無爲法有九，第八緣起支無爲。緣起非即無爲，然有無常生滅之理是常是一說名無爲，（一）能令緣起諸支隔別有轉變故。（二）

起信論：　以依眞如法故（一）有於無明，則有妄心，不覺念起現妄境界，造種種業，受一切身心等苦。（二）」

起信論不立染淨種子，而言熏習起用，其熏習義亦不成。「熏習義者、如世間衣服實無於香，以香熏習則有香氣。世間衣香，同時同處而說熏習；淨染不相容，正智無明、實不並立，即不得熏。若別說不思議熏者，則世間香熏非其同喩。又兩物相離，使之相合則有熏義，彼蘊此中，一則不能。如徧三性，已徧無明，刀不割刀，指不指指，縱不思議，從何安立？」

第七次（九月十五日）

（續講前節）起信之失、猶不止熏習不成而已，其不立正智無漏種子也，則於理失用義，於教違楞伽；其以三細六麤連貫而說也，則於理失差別，於教違深密。楞伽五法、眞如正智並擧而談。起信無漏無種，眞如自能離染成淨，乃合正智眞如爲一，失體亦復失用也。深密平說八識，故八識可以同時而轉，以是俱有依故；又識各有種，種生現行不妨相並故，因緣增上二用俱有故。起信論竪說八識，三細六麤次第而起，幾似一類意識，八種差別遂不可立矣。從史實與理論觀之，起信與分別論大體相同也如彼；以至教正理勘之，起信立說之不盡當也又如此；凡善求佛法者自宜愼加揀擇，明其是非。然而千餘年來、奉爲至寶，末流議論，魚目混珠，惑人已久，此誠不可不一辨也；（即如起信有隨順入無心之說，談者遂謂無分別是智，有分別是識，佛之遺教依智不依識，即是去識不用。然根本智無分別，而後得智則明明有分別，又與智相應者亦明明有分別之識，安可以無分別是智等概爲解釋？無分別有分別係有所對待之言，正未可以一句說死。至於佛教依智不依識云云，蓋謂依智得證圓成而如量知依他起性，依識思惟分別則多爲遍計所執而不能當理也。反觀起信論家所談，非錯解之甚乎？）今故因論正智有種而詳言及之。

馬鳴著起信論，立義雖多疏漏，然僅此一書不足以見馬鳴學說之全而決定其眞價也。考馬鳴之重要著述已傳譯者猶有數種。一六趣輪迴經，詳談六趣生死輪迴，無甚精義。二大莊嚴論經，歸敬脇尊者而說引凡外入內事，又說歸依供養因果事，說十二因緣事；此似初入佛敎時之作，猶限於小宗所說。三佛所行讚經，與大莊嚴論經同其旨趣，而原典文辭特美。四尼乾子問無我經。昔人於此經未嘗重視，然提法空要領而談因緣生法俗有眞無，實爲法性宗之要籍。五大宗地玄文本論。此論亦有疑爲僞作者，然其所談五位，義極廣博，甚可推重。所謂五位乃談五義，非立五宗。一切諸法俱非位談大般若經法無自性之義，一切諸法俱是位談阿毗達磨經五姓齊被之義，無超次第漸轉位談解深密經三祇成佛之義，無餘究竟總持位談楞伽經亂住之義，周徧圓滿廣大位談華嚴經帝網重重之義。五經皆大乘最要之籍，而此論已概括其大義而無餘，（又其說果位有無量過患，故教化之用盡未來際；此既含有無姓之義，實爲甚精。）是故馬鳴所宏大乘不可但以起信一論相推測也。

第八　抉擇二無我談法無

「執之異名爲我；煩惱障存則有人我，障其所知則有法執。」我者主宰義，人與法皆因緣和合而生。謂有主宰即名曰執。佛教大要無非破執二字。執著是衆生，執破即是佛，而破執者則二無我之教法也。依教修行、大小乘各不同。「大乘悲增，修一切智，十王大業、貫徹法空。」蓋智從悲起，所悲者深，故所修者廣、所知者遍、而歷時不得不久；自欲界人王至於色界諸禪（大乘直往菩薩必在色界成佛，與迴心者異。）皆受極果，得以自在度生；故地前造十王業（人中鐵金二輪王，欲界五天之王，色界初二四禪王。）而後得除所知障淨盡，以貫徹法空無我也。補特伽羅無我亦大乘所證，但依小乘所不共者專談法無。此在法相唯識兩宗所修，又各有別。「三科（蘊、處、界、）緣起（十二有支、）處非處（善因果、不善因果、）根（二十二根、）六種善巧，法相所修。自性（八種識、）相應（諸心所、）色（識所緣、）及無爲（識體、）百法明門、一切唯識；唯識所修。」法相道理等視萬法，有即說有，無即說無，故依他圓成眞幻俱立，偏計本無不加增益；此之謂如量之證，「相應如如；」唯識道理獨尊識法，攝一切法不離心王，識亦虛幻，法空無我，（空就體言，無我就用言，三法印中合此二爲一法印也。）「歸無所得。」兩宗究竟，「一極唱高，寧有容上！」

第九　抉擇八識談第八

凡夫小乘分別心粗，止知有六種識。蓋前五識現前可知，第六識亦顯明易加比度也。但了別之謂識，了別之用依根而起，前五識既各依一根，第六識亦必有不與他識相共之根。前五識外緣實色，（此說第八識所變非前五識所親取名外緣。）故五根屬於淨色；第六識多內緣獨影相分，待分別而後起，故所依根必非無知色法。又五識緣現境色、聲、香、味、觸，相分自有其種，即有能引見分之力。六識緣境，相分多隨見分種而生，不復能引於見分，故第六識所依根必倍有勢力助第六之能緣使其強盛而後可。依上三義應知別有第七識。自此識常與我執相應分別力强而言，得名爲識；又自此識能發生第六而言，得名爲根；蓋一心法而有二義也。但此第七識性有轉易，染淨功能仍不能依彼恒存，知必更有受持之第八識在。立第八識而後一切染淨起滅（此但功用隱顯，非是法體有無。猶如熟睡時五識不起，非其功能斷滅，特睡眠種子現行，前五識種隱而不現耳。）皆有依據，不同憑空來去；此蓋大乘法相宗立義最精之處也。

法相宗之立第八識也、所依至教凡有五類，所依證成道理復有十種或八種。勘唯識論；

（十）五教十理及於八證而立此識：（第八識）　「此義在八段十義後，姑不必談。然顯揚先談建立，後說體業，讀者心朗；今雖不能詳談，亦必略表其目。其顯近易知者，更抉一二別續而詳之。」

五教大意　五教者，阿毗達磨經二頌爲二，解深密經入楞伽經各一頌，又合小乘共許經，乃有五也。第八識梵云阿賴耶，義譯爲藏。（舊譯阿梨耶，義爲無沒失。）凡具三義：能藏，（持種）所藏，（受熏）我愛執藏。（第七識恒時所緣）又梵云阿陀那，譯爲執持，亦有三義：執持、執受、執取。此種種義皆非前六識所能有。「五識無依義。（爲諸法依即所藏義）六識無攝藏義。（此即能藏義）六識無執持法種、執受色根、執取結生相續義。」大乘四教證成此識，不外就此諸義立說。

初一教對法頌云：無始時來界，一切法等依，由此有諸趣，及涅槃證得。此頌以用顯體，凡有三解：一解、初句明能生之因，（界即是因）次句明依持之緣；（前五識既依五根即不能更持五根，必別有一識持之，即是第八。）因緣具而後有諸趣之染及涅槃之淨。二解、初句說自性，次句說緣生，針對空宗立義；後二句同前。三解、初句明此識相續，次句明依他，三句明偏計，四句明圓成。此頌所明受熏及與依義，蓋偏就所藏邊爲言。

第二教同上經頌云：由攝藏諸法，一切種子識，故名阿賴耶，勝者我開示。此頌明持種義，蓋偏就能藏邊言之。

第三教解深密經頌云：阿陀那識甚深細，一切種子如暴流，我於凡愚不開演，恐彼分別執爲我。以具執持、執受、執取三義，說此識爲阿陀那。此中言執與第七識之執不同，七計有主宰爲我，而八則不爾也。所云執受又有二義。一覺受義，執受根身而能領略。二執持義，執受器界。至云恐彼執爲我者，凡愚本有其俱生之我執，聞說不了，必更起分別我執，故不爲說也。

第四教入楞伽經頌云：藏識海亦然，境等風所擊，恒起諸識浪，現前作用轉。此頌仍顯賴耶三藏之義。初二句明賴耶受熏即是所藏義，恒顯我愛執藏之恒時不捨，起則顯能生諸法是持種能藏也。

第五教合小乘諸密意經說而言。『大衆根本識、上座有分識、（三有之因，即種子義。）化地窮生死蘊、（生死位俱有之。）有部愛樂欣喜阿賴耶、五教外之小教皆談第八。』此等不過名目不同，所指之法實是第八也。皆詳攝論，可勘。（述記以大並爲一教，小爲四教；今以大爲四、小爲一，亦可。）

第八次（九月十八日）

十理大略　『唯識十理：一、持種心；瑜伽、顯揚、對法、八證第四、有種子性。』有契經說、諸法種子之所集起故名爲心。此心必要決定、恒轉、方能持種。決定云者、謂於三性中決定是一類無記。恒轉云者、非斷非常、互古相續。由前一義乃得遍持三性法種，由後一義乃得持久不失。前六識皆無此義，故必別立一第八識。此在小宗頗有異計，然皆不成，詳成唯識，今但略敘之。如經部計轉識是心。然有間斷故，易脫起故，不堅住故，非可受熏持種。彼部或計六識無始時來前後分位識類無別，即名爲心。然即彼識類是實則同外道，是假則無勝用，受熏持種之義不成。彼部或計六識事類前熏於後而得名心。然前後念不俱有，如何相熏，此亦不成。又如大衆部計六識可俱時轉，第六爲依名心。但諸識俱而無熏習，即無種子，更無持種之義。又如上座部計色心自類前爲後種，有因果義。然彼自類無熏習，且有間斷，不成心義。又如有部計三世諸法皆有，因果感赴無不皆成。然過去未來非常非現，又無作用，亦不得名爲心。又如清辯等惡取空者執大乘遣相空理爲究竟，謂心非實有。彼違經論，成大邪見，無種無識，功用唐捐。是故應信有第八識能持種心，依之建立染淨因果。

『二、異熟心；八證第六、身受差別。』眞異熟心酬牽引業，遍無間斷。依據此義應別立第八識，（第八猶如庫藏，凡所藏物隨用取攜；諸法依第八，隨其業報有現不現。）眼等識有間斷故，非一切時是業果故，又在定中或不在定、起眼識時或餘識時、有別思慮無別思慮、如理作意或不如理、此來彼去理有衆多身受生起，後時此身遂有怡適或勞損，若非恒有眞異熟心，如何有此？故知定有此第八識眞異熟心。

「三、趣生體。」有情流轉五趣四生，爲彼體者必應實有、（有體）恒、（無間無雜）偏、（偏界地有）無雜。（惟生自趣法）命根非實有故，諸生得善及意識中業所感者不恒有故，諸異熟色及五識中業所感者不偏無色界故，非異熟法住此趣起餘趣生法故，皆非眞實趣生體；故知別有第八識。

「四、能執受；八證第一、依止執受。」五色根及彼依處惟現在世是有執受，能執受心必具五義。一、先業所引，體任運起，非現緣起。二、非善染等。三、一類異熟（此眞異熟非異熟生）無記性攝。四、偏能執受五根等法，爲五根等共依。五、相續執受不使爛壞。此五義皆前六識所不具，故應別有第八識能執受心也。

「五、持壽煖。」壽謂命根。（因業所感第八名言種子現行之時長短不定，假名彼功能上生現分位爲命根。）煖謂煖觸。經說壽、煖、識、三，更互依持。壽煖一期相續，識亦應無間無轉。此義非前六識所具，故應別立第八識也。

「六、生死心；八證第八，命終不離。」經說受生命終必住散心。當時身心惛昧，如極悶絕，明了轉識必不現起；非別有第八識相續無變，不成散心。又將死時、由善惡業下上身分冷觸漸起，若無此識，彼事亦不成。

「七、二法緣。」經說：識緣名色，名色緣識，展轉相依。名謂非色四蘊，色謂羯邏藍等。前六識即攝在名中，不能更與名色爲緣，故應別立第八。

「八、依識食。」一切有情皆依食住。食是合義，爲生順緣，與生合故。此食有四種，欲界香、味、觸、三變壞時、能長養造色，是爲段食。（欲界身需段食乃自然之理，若行少欲、固不可非，然至違反生理時則不可許。）欲色界六識相應之觸與思、皆有資益於身之義，謂爲觸食、思食。又有相續執持之三界有漏識、能使諸根得受觸思資長，是爲識食。一類相續、前六並非，故應別立第八識。

「九、識不離；八證第七、二定不離。」經說：住滅定者識不離身。（持壽煖故）滅定中前六識不行，故應別立第八以成不離身之識。（無想

定例此可知）

「十、染淨心。」經說：心染淨故有情染淨。此謂染淨法依心生，心持彼種子故。前六識於三性，時時轉易，無染心中（無想等上地）應不能持煩惱種，後時下沒應不起煩惱。世間道中應不能持淨種，彼出世道初不應生。故須別立第八識也。

上來十理當八證之五，餘有三證皆對小宗有部不許諸識俱轉難立第八而說。即「第二、並不初起；」如有一俱時欲見乃至欲知者、爾時作意、根、境、三種無差別而現前。不應隨有一識最初生起；故立第八恒時現行與他識俱無妨也。「第三、並則明了；」眼等識緣境，意識分別，如不同時並起，則意識憶念過去，必不明了；實不如是，故諸識可以俱起，即不妨立第八識恒與他識俱也。（又五六俱起則應於別依外猶有總依，此即第八也。）「第五、業用差別。」識法起時隨有了別器、依、我、境等用，即用顯體，應有諸識俱轉，即不妨立第八識。

第九次（九月二十日）

（續講前節）法性法住，如是如是，本不待於安立。然而有五教十理證成唯識者，此乃方便破執，不得不爾。凡夫外道計執實我，說是五蘊假名，小乘又計實法；更說法無自性，不了義大乘又蹈於惡取空；以是攝法歸識，顯二無我，示其中道。假使諸執盡除，唯識自亦不立。乃今人之聞唯識教者、每視爲實有建立，有識可唯；是則仍成法執，同於所破也。於此不可不特舉，現觀一義以補救之。現觀之義、同於證量。諸法相用歷然差別，由用顯體，由能帶所，現前現成，無用安排，此唯現觀能親得之。若談唯識猶不免執，毋寧即說佛教使人現觀之爲究竟。今故略明其義如次：

一者、何爲現觀？現有義三：一非造作而現成，二不隱沒而現在，三不迷昧而現見。觀亦三義：一思，二證，三行。思謂地前於諸諦理決定思惟，證謂地上證得二空所顯，行謂如量遍知諸法。此諸行相即能觀智；現前明了，觀察現境，故曰現觀。

二者、何所觀？見道以後所觀至繁，姑以六門列之：（一）三界九品（三界各有九品）所知事，（二）苦集有漏法，（三）滅道無漏法，（四）四諦所攝未見法，（五）滅道所攝未受法，（六）法智類智所行境，

三者、以何觀？以出世無分別智（平等性智與妙觀察智俱起）能觀。

四者、何處觀？惡趣苦障，上界耽樂，皆無現觀。唯在欲界人、天、邪見、見取、戒取、及疑等、俱遣故，我執空故。有佛出世，說三法印，方得現觀。

五者、誰能觀？此通三乘學、無學果，凡有五種人：一、未離欲者，（離修道所斷欲界煩惱）此謂聲聞初果十六心見道、二果。二、倍離欲者。（離欲界修惑盡）謂三果。三、已離欲者，（離三界修惑盡）謂阿羅漢果。四、觸覺。五、菩薩。

六者、何者入？唯心能入，非我能入。心是無常、（有漏能作無漏等無間緣）有境、待緣、能生智故，依心能斷粗重我執及與我愛故；我由七識執起，違一切法無我，非是智因故。

七者、何次入？次第有六，即六現觀。一思現觀，謂最上品喜受相應思所成慧。二信現觀，謂緣三寶世出世間決定淨信。三戒現觀，謂無漏戒、除破戒垢，令觀增明。四現觀智諦現觀，謂一切種緣非安立、根本、後得、無分別智。（有四後得智；一緣理後得與根本智俱時，二緣事後得在根本後時，三有漏後得、地上無漏仍有漏故，四無漏後得、佛果功德純無漏故。此非安立無分別智後得、緣理後得也。）五現觀邊智諦現觀，謂現觀智諦現觀後諸緣安立出世智。六究竟現觀，謂盡智等究竟位智。此六現觀、思、信、戒、三是現觀加行，所以引生現觀。次二是根本現觀，以因果分爲二。究竟現觀則在圓滿佛位。修行次第、首重加行。依至教量廣爲辯論，惟在凡夫；（禪境好寂，聖位自證，都不喜諍；理以諍明，惟凡夫事。）多聞熏習、如理作意、是思現觀。無漏種子由此引生，三十七菩提分法始於此修，三法印（無常，無我，涅槃寂靜。）於此深契，一切法共相眞如亦於此證知。益以信戒現觀，以次能得後三。

八者、現觀相。智境決定，凡有十相：一衆生無，二徧計無，三無我

（二無我）有，四相有，五麤重有（此二縛無）六我無無我有，（此二不滅）七法及法空無別，（法即空，空即法。）八空無分別，九法性無怖，十自在能斷、不復從他求斷方便。

九者、現觀差別、有十八種：聞思修所生智爲三，順抉擇分智、見修究竟道智、爲四，不善淨善淨俗及勝義智爲三，不善淨善淨行有分別、善淨無分別智、爲三，成所作前正後智爲三，聲聞菩薩智爲二；合有十八。現觀諸門、略如上辨。

談第八識以五門明建立所由，上來初一門訖。

（二）唯識以識攝蘊而立此識：「羯羅藍位（胎中初七日位、義云雜穢）五識不行；而名色經言，識緣名色，名色緣識；則七八仍行。受想行識之名及色爲五蘊，五蘊中之識爲名中識，但是六識。名色緣識之相依識乃是八識。相依識與名中識互爲其緣，即是八識與六識互爲其緣耳。法相以蘊攝識，（攝是不離之義）所被極廣，及於二乘。是故不善般若經、僻執聲聞藏、都但說六，信有五蘊，不信賴耶。時多邪慧，正學荒蕪，六識不足範圍，更恃誰何而堪折正？」

（三）深細不可知之識是此識：「二定、無想天、睡眠、與悶絕、此之五位、六識不現，七八仍行。」如加二乘無餘依則爲六位無心，就人分別有無、略如次表：

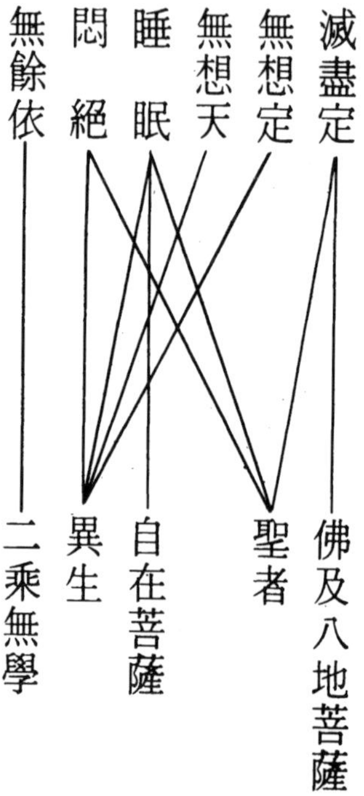

「且談眠悶，粗顯免爭。死生一寤寐間耳，斯又何奇！寤而復醒，仍依此身；死而又生。但身別易。身依容異，識有是同。但是細微極深無底，非若六識粗淺可知。若以深細不知而即言無，無則現前粗細俱無，云何熟睡昏迷震驚仍覺？此意深長，烏容釋究。斯固知八識持種，六雖不現，種爲八持，斷而復續。（就現行言）職是之由，立有八識，夫然後理可通也。」

第十次　（九月二十二日）

（四）不爲聲聞而立此識：「攝論云：何故聲聞乘中不說此心名阿賴耶識、名阿陀那識？由此深細境所攝故。所以者何？由諸聲聞不能於一切境智處轉，是故於彼雖離此說，然智得成，解脫成就；故不爲說。若離此識，不易證得一切智智。」一切境智則廣大，阿陀那境則深細，由深細而後成其廣大，亦惟廣大乃至於深細處也。「深密經云：阿陀那識甚深細，一切種子如暴流，我於凡愚不開演，恐彼分別執爲我。」一則無用乎此，二則益其僻執；不立之由，誠如經、論。」

（五）因爲大悲而立此識：　本宗約智談用，爲智根源、爲用血脉者，則大悲也。瑜伽四十四云：是故如來、若有請問菩薩菩提誰能建立，皆正答言菩薩菩提悲所建立。是故智由悲起，悲之等流又以智爲究竟。非有大悲貫徹，將無緣求得遍知、三祇無厭。亦非至於一切智智圓滿無缺，不可得無緣大悲之所歸宿。二者表裏始終，蓋有如是者。然今時人談佛法每每昧此源頭，或則例同宗教，或則視爲哲學，又或偏執不了義之說以概全體。例同宗教、遂有貌似之淨土宗門，（指不到家之淨土宗門言耳。若眞淨土眞宗門、與唯識是一貫之學。）誤解了生死之言，（此本謂明了，乃誤解爲了結。）並亡悲智。或隨順外道而有悲無智。或趣入小乘而悲智俱微。視爲哲學、遂至少智無悲，漫談宇宙人生，於名相中作活計。又執不了義說如起信論等，無正智種，遂至大用無源，悲智不起。凡此皆非所以語於眞佛法也。佛法以菩提爲極果，而以大悲爲根本。大悲之言絕待無緣，既非憂慼悲愁。亦非顧戀哀愍；一滯人法，即有所不遍而不能成其大。今人於此亦多所誤會，次更以數門釋之。

大悲云何差別？略有十門：一者自性，相屬憐愍本來具有故。二者數擇，數數抉擇見功過故。三者宿習，先世久修熏習積集故。四者障斷，障悲貪愛得斷除故。五者平等，於三受皆見苦而生悲故。六者常恒，亙古亙今無間斷故。七者深極，自他平等故。八者隨順，如理拔濟一切衆生苦故。九者淨道，此是對治相貌故。十者不得，是無生法忍故。

云何大悲緣起？此略有五：一由深細苦境而生，二由長時熏習而增上，三由救濟衆生猛利而生，四由極清淨地而生，五由慈力澆潤而生。（若以四緣分別，即以因力爲因緣，等流爲等無間緣，觀苦爲所緣緣，善友爲**增上緣**。）

復次，**就深細境緣起**而言：「云何而悲？觀衆生百一十苦（詳大論四十四）而起大悲，觀衆生昧三十二法（詳思益經）而起大悲。云何觀衆生而起大悲？無人，無我，無衆生，皆一心之差別。此識持一切種，偏周沙界；周沙界識網周沙界，相繫相維，相與增上，觀乎衆生自然而悲。心穢則佛土穢，心淨則佛土淨，悲其穢矣，屬其心矣，必了心體，有斷然者。」蓋窮苦緣起於無常，差別於種子，必究阿賴耶而後能盡也。

此外猶有異門，他日詳談。今人不明大悲爲學佛要事，實屬誤解佛法之尤，不可不抉擇發揮。且概括數言示其要略，曰：諸佛菩薩由觀苦而起悲，（諸佛以苦諦爲師，明了觀苦乃無繫縛；見他即自，又自然牽動而生大悲，此非逃苦、厭苦、怖苦、捨苦、所可比也。）由大悲而利他，由利他而起苦，（一切苦悉入生死苦中，不捨生死即是不捨一切苦，此蓋觸眞實苦以苦爲大樂乃能如是。）由起苦而不住涅槃。

上來五段明建立八識所由畢。

第十　抉擇法相談唯識

「一時極唱，性相兩輪。明了而談，一遮一表。都無自性故，所以必遮；相應如如故，所以必表。法相賅廣，五姓齊被；唯識精玄，唯被後二。詳見他敍，此姑不贅。（瑜伽論敍十義、眞實品敍六義、參看。法相攝阿毗達磨全經，唯識攝攝大乘一品；法相攝十二部經全部，唯識攝方廣一部。）」

唯識講義

歐陽竟無先生講

八識八段十義卷一

談抉擇已，相續開演八段十義，而導引三表。

一　二宗經論表

一眞法界、圓成實性、不可言說，方便善巧、空有兩輪。以遮作表，空詳徧計。即用顯體有說依他。更欲置談。捨顯就密。若究二宗，應探經論。

空宗經

般若十六會

一會　一切法如幻

二會　大般若經——智論釋此

三會　與二會門合不同
四會　道行經
五會　較四會略
六會　勝天王經
七會　文殊般若經
八會　濡首分衞經
九會　金剛般若經
十會　般若理趣經
十一會　布施分
十二會　淨分
十三會　安忍分
十四會　精進分
十五會　靜慮分
十六會　般若分

仁、王了義、五十頌、心經、皆附庸。

相宗經

楞伽經

五法、三自性。（法相義）

八識、二無我。（唯識義）

阿毘達磨經

蘊處界平等。（法相義）

華嚴十地經

三界唯心，入地行果。（唯識義）

密嚴經

阿賴耶識。（唯識義）

解深密經

境行果賅備，然不被小外。（唯識論）

菩薩藏經

本宗大義抉擇賅備，然不被小外。（唯識義）

佛地、勝鬘、無上依、皆附庸

空宗論

中論

百論

十二門論

大智度論

以上龍樹空

掌珍論

般若燈釋論

以上清辯空

相宗論（瑜伽爲一本論、餘爲十支論。）

瑜伽師地論

本地分。（多談法相義）

決擇分。（多談唯識義）

顯揚聖教論

瑜伽節本

莊嚴論

瑜伽菩薩地羽翼，獨被大乘。（唯識義）

辨中邊論

相障對治、一切齊被。法相賅備，始末井然（法相義）

五蘊論

以蘊攝識，諸法平等（法相義）

雜集論

三科平等，十二分教一切齊被。以瑜伽法門詮對法宗要。

（法相義）

攝大乘論

境行果三、賅如深密。是故此宗建立無不動言解深密經攝大乘論。然攝論不被凡小。（唯識義）

百法明門論

以識攝蘊，唯識獨尊。（唯識義）

二十唯識論

七難成立唯識。（唯識義）

成唯識論

相性位三分成立唯識。一切不正義、一切不備義、入成唯識無安立餘地。博大精微，於斯觀止，精熟此論，思過半矣。（唯識義）

因明、觀所緣緣佛性皆附庸。

二　成唯識論大旨表

依一師義，法相法性法位出華手經第六求法品華嚴部。唯識據此分科曰三分成立。

- 一迷執外境大悲條救初二十四頌宗明識相即是依他二
  - 先明宗要
    - 略釋宗相
    - 廣破外小
  - 後廣識相
    - 初能變相
      - 相前說名
      - 八識
        - 八段十義
        - 五教十理
      - 七識
        - 十門分別
      - 六識
        - 九門分別
    - 二所變相
      - 識變二分
      - 九難成立
    - 三教理無難相
      - 以緣生分別非外
      - 以業取習氣釋生死相續
      - 以性不離識釋雖三性而仍唯識
      - 以密意釋一切無性

二必達眞性乃能別妄次以一頌明唯識性即圓成實

三斷妄證眞非少修能後之五頌明唯識位即十三住五

- 資糧位
- 加行位
- 通達位
- 修習位
- 究竟位

三　八段十義標目表

一自性果因
- 一初阿賴耶識
- 二異熟
- 三一切種

略解三相—自相、果相、因相。

廣解種子—十門辨種
- 出體、一異、假實、二諦、四分

三性、本始、六義、內外、四緣、
- 八義釋熏
- 能所八義釋
- 熏習義。

二相分見分
- 四不可知執受處……
- 五不可知了
  - 粗解行境體義
  - 廣料行相明四分
  - 廣料所緣外內境
  - 釋不可知義

三相應
- 六常與觸作意相應……
  - 相應位次
  - 五所體業
  - 釋相應義

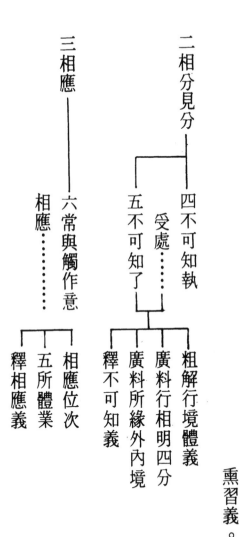

四五受——七相應唯捨受——唯捨簡餘

五三性——八是無覆無記——無覆無記

六所例於王——〇觸等亦如是——六門相例增斷捨

七因果譬喻——九恆轉如瀑流——正解法喻
　　　　　　　　　　　　　　——別破諸部

八斷伏位次——十阿羅漢位捨——總釋
　　　　　　　　　　　　　　——別廣羅漢
　　　　　　　　　　　　　　——別廣捨
　　　　　　　　　　　　　　——寄明漏無漏

相前說名　述記卷十二

將說識相，先說識名，必有其名，相乃繫屬，故又先名，對常稱變。常義是寂靜義。變義是如幻義。常義是體義。變義是用義。常義是眞如義，變義是生滅義。今如幻義、用義、生滅義、是識相義、故捨常義而談變義。所變見相無量無邊，依據發生實唯其能，能之為法雖妄雖執，亦無有過，以是有故，能有二義，一勢力義，二運轉義。勢力則生起，運轉則不居。諸所僻執長夜淪迷者，一居之為害也。所則必居，能則不居，故能無過。然將能作所，停留滯執，失運轉義者，亦異生之常性也。難言哉，唯識也！然且談於能變也。夫先其名者，先其識名，實先其能變之名也。（辨中邊論述記卷一參看）

法界至賾，因果賅之。幻相難形，因果析之。能變極玄。因果顯之。無因果則無能變。無幻相，無法界，頑冥不靈，是一合相，斷滅之苦，妙於何存？能變至妙，妙於因果。能變之因一類而相續，果似其因，因曰等流。多類而攙和，果異其因，因曰異熟，因則由流而溯其源，能變則一類多類，不守本位，發動而將趨。等流非斷，異熟非常，非斷非常，所以至妙，能變之果由種生現；由等流因生因緣果，由異熟因生無記果。莫妙於異熟，異時而後熟，變異而後熟，異類而後熟。假詭陸離，不容思議。引弱而生，酬滿而強；妙用合離。盡在酬感。設有問言唯識何事。應告之曰唯識事因果事。法界法相，諸佛語言，都無誰何，一因果之妙用而已矣。

多異熟性故。

〔論〕識所變相雖無量種，而能變識類別唯三。一謂異熟即第八識。

述記：多異熟性者，就三位解，異熟亦通初位，是故言多，若樞要、演秘、則就識判而作四句以別，有異熟非多，謂六識中業所感者，是間斷故，不名爲多，多者相續義，一切時行爲多。多時行故。有多非異熟，謂第七識，雖恒而是有覆性故。異熟者，業果也，五果之中異熟果、七識所無也、俱非、謂六識中非業招者，俱者，謂第八。遮餘三句，故說多言，又樞要：多者廣義，即是總義異熟之義雖通六識，非總報主，不立多名。

此中遮寬狹不說，約熏習之位便取異熟者。前答外難我法熏習諸識生時變似我法，爲此故取熏習識位。

二　謂思量，即第七識，恒審思量故

意有二義：一爲依止義，即六識根依，攝論第一意也。二爲思義，即第七末那。攝論第二染污意也。此論不兼取第一意而獨取第二者，欲建立自體相義故也。以他能依顯自所依，依兼能所，即攝自他，是故不取，以自行相顯自體性。思量獨勝，是故取之，又攝論第一意依止義是無間滅識，此論六識根依非無間滅識，以無間滅識是過去非現在故,現在乃能有實體故。一末那而二用之；就依止義邊言曰意根，就思量義邊曰七識也。恒審思量者、思維量度也，思維而量度之，行相既深且遠，名之曰審，狀七識行相一思二量三審也。以緣多故，相續恒起也。染意不行時，出世末那爲意識根依也。

三　謂了境，即前六識，了境相粗故。

㈠了境者，樞要、一唯見分行相而現自體、二簡他識四義、易知、共許、行相粗、所緣粗也。述記開六、而總括爲三。

一多分——粗

二易知——事——了　　前五義合佛緣細境六識以明，

三有情——人——了　　明，後一不通佛淨識明，

四外道——人　　簡七八通淨而唯就六說也

五小乘╲

六不共———不通

應作四句：有了境非相粗第七八識。有相粗非了境，六識心所。有俱非。謂七八心所，俱句，第六心王，亦粗亦了故。

㈡非所熏故，又互顯故。疏抄互顯以位解，但舉一位，餘二俱顯，則以此句但說八識事也。然是說七識事。應言心意識三諸識俱具，各就其勝而互顯其俱，不連上讀。

及言顯六合爲一種。此三皆名能變識者，能變有二種，一因能變，謂八識中等流異熟二因習氣。

一因能變段，述記除初二句有五段：一解因義。（此言因下）二解因變義（此名唯望下）三解二習氣，（在三能變下）四解四因果舉二，（自性親因下）五解能變所生，（謂因即能變下）一自類種，二同類現、三異熟果。

等流習氣由七識中善惡無記熏令生長，異熟習氣由六識中有漏善惡熏令生長。

異熟習氣段、述記有九段：一明何緣之種，（前等流因下）二出體、（不以所生下）三三性，（此體雖通下）四不說七八所由，（第七識唯無記下）五種生種現。（明因能變下）六轉變通現種。（學因能熏下）學記：問，現行熏種，種生種子，此二變中何變所攝？答，種生種現，皆因變攝、種能變故。現生現種、皆果變攝，現能變故。雖有別義，現亦種因，然法相雜亂，三藏不存。准此六七能熏亦因能變，不正義也。因果能變以從種或現所起爲斷，法相井然。燈說「現熏種非是果，五七不能現彼種相，二變攝法不盡」者，然非即現爲果，說現可趣果屬果所攝，未可爲過。七總釋但學二種。（不說我見下）難。我見不離二習外，異熟又豈不在等流中耶？答：秘善惡種子生自現種名爲等流，有餘緣助感後異熟即名異熟雖體無異，有別勝能，故開爲二。然是異熟必是等流，自有等流不名異熟即無記種及彼善惡不招果者。八因果能變四句簡。（第八唯果下）樞要有五四句，其因果四句即此中四句。表之如下：

因果	二變	等流	異熟
因變非果變	轉變非變現	唯等流因非果變	唯異熟因非果變
佛有爲無漏	一切種子有力相分	大悲菩薩果無漏法爾種	有漏善惡種
果變非因變	變現非轉變	唯等流果非因變	唯異熟果非因變
八六業果 佛一切王所	因位八識六業果現 諸佛功德一切王所	佛果現八識	八六業果種現

俱句 七個能熏現及能生種	俱句 因位七個識	俱句 七六因無漏，威儀工巧變化因種。	俱句 無
俱非 佛果相分	俱非 異熟相分，六業相分佛王所相分	俱非 佛果相分	俱非 七六非善惡業果心。

（異熟等流相對爲句，未作）

九轉變變現判因果能變。（問既說現行下）

二　果能變，謂前二種習氣力故有八識生，現種種相。

一釋初句（即前二因下）二釋餘句。（由前等流下）三作轉變變現四句，（若種子唯轉變下）即上表樞要二變四句。等流習氣爲因緣故，八識體相差別而生名等流果。果似因故。異熟習氣爲增上緣感第八識酬引業力，恒相續故，立異熟名；感前六識酬滿業者從異熟起，名異熟生，不名異熟，有間斷故，即前異熟及異熟生名異熟果果因故。

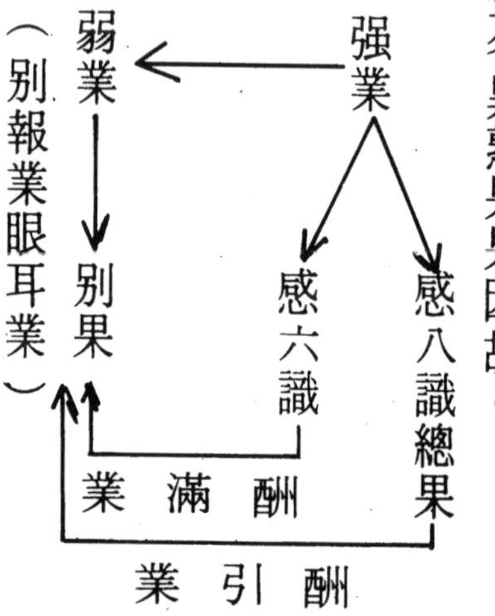

感之謂引—强業引總果
酬之謂引—總果引別果
勝之謂引—强業引弱業

異熟異熟生六義、實是三義、一異熟、二異熟生、三善等也。復從異熟生中開有漏有爲二義，又從有爲中開依異熟時、別緣變熟時、分因無漏果無漏二義、疏言五義者、異熟、異熟生、善等、有漏、有爲、不就有爲所開者言也，疏抄兩解，一云取前五義不取皆名異熟生，一云可言六義不合言五義者，都不明基師意也如表：

一、異熟	異熟非異熟生	現前俱異熟	無間週遍
二、異熟生	異熟生非異熟	現前俱異熟	有間不遍
三、善等	非異熟非異熟生	前異熟現非	有間不遍
四、有漏	異熟生非異熟	有漏依異熟	
五、有爲	異熟生非異熟	有爲依異熟唯因中無漏	
六、有爲	異熟生非異熟	緣合不依異熟通佛果無漏	

此中且說我愛執藏、持雜染種、能變果識、名爲異熟、非謂一切。

十因得五果圖

得果 \ 因	隨	待	牽	生	受	發	定	事	違	不
異			●	●			●	●		●
等			●	●	●	●	●	●		●
離					●	●	●	●		●
士		●	○	○	●	○	○	●		●
增	●	●	●	●	●	●	●	●	●	●

●人士用　○法士用

自性果因段（述記卷十二

用未發現，喩名種子；用已顯明，是稱現行。（儒家喜怒哀樂之未發謂之中，發而皆中節謂之和。註家說，喜怒哀樂情也，其未發則性也，又曰，天命之謂性，唯天之命於穆不已，蓋曰天之所以爲天也，註家，天命者、即天道之流行而賦於物者也、由前而言，性爲未發；由後而言，性之爲用，是則種子也、性也、二而一也。）種生現行，現又熏種。正熏成時、一爲八持、即變無記：發而爲現，又復各從其類。（攝論如衆纈具纈所纈衣，當纈之時、雖復未有異雜非一品類可得，入染器後，爾時衣上便有異雜非一品類染色絞絡文像顯現。阿賴耶識亦復如是，異雜能熏之所熏習，於熏習時雖復未有異雜可得，果生染器現前以後，便有異雜無量品類。）是故種是相分非善非惡（荀子性惡，孟子性善，揚子善惡混，統皆有過。若本無善，憑何生善，若全是善，習染何入？若種既善惡混雜，果亦必善惡混雜。究極其成，非馬非驢。將何所似？陽明無善無惡心之體，頗得孔子性近之意，亦與種子無記相合。）有體而能生者也，有體則非斷，能生則非常，非斷非常，是稱至妙。（熏習與法俱生俱滅、而有能生因性無間傳來，復生復種，此之謂用中之體。非如化地部業入過去，現皆有體；亦非如順、世外道說一切果現業所得，作時即受，）然此就詮有漏。列有無漏寄存賴耶，隱顯不並時，能所不相襲，皆是本有，皆能始起。無漏何時始起？證眞而後乃能始起。有漏如何證眞？以引發因、以無間緣，乃能證眞。漏善有待，無漏絕對，對與無對雖則相反，善與勝義以類則同。雖非因緣，而是增上，云何不能相引？諸有不知此義者、於無漏談不曾夢見，於無漏境無志而趣。有漏雖善，亘古有漏；種果不同，云何而能成事？欲證菩提光明沙界，請於此案鄭重參研。（儒家、乃若其情則可以爲善矣，乃所以爲善也；大人者、不失其赤子之心也。於此證之，爲有漏善，不通三世，不研八識，不知住位，源斯混矣，流於何有？）雖已略說能變三名，而未廣辨三相，且初能變、其相云何？

三師三判

- 一師三
  - 相（二十四頌）
    - 釋難標相（一頌半）
    - 廣相（二十二頌半）
      - 廣前能變（十四頌半）
      - 廣前所變（一頌）
      - 廣前釋難（七頌）
  - 性（一頌）
  - 位（五頌）
- 二師三
  - 略（一頌半）
  - 廣（二十三頌半）
    - 明相性（十五頌半）
      - 辨三能變（十四頌半）
      - 辨所變義（一頌）

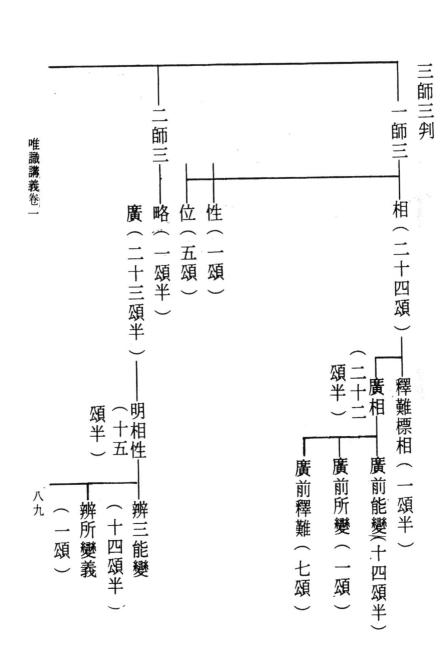

- 釋難（七頌）
- 明性（一頌）
- 位（伍頌）
- 三師三
  - 境（二十五頌）
  - 行（四頌）
  - 果（一頌）

就下文頌三無性中順勢頌識性之文氣而言，則二師將識性一頌合併廣相中。而以略廣位三相成立唯識，自是合理。此論三分成立唯識文中、述記亦用二師三相以釋三分判科亦糅合一二兩師而曲順第二、然一師以略廣都攝相中。提性獨立，雖文勢不合，而相性位之義較極優顯，緣略廣虛名仍須繫屬相性故也。境行果爲法相唯識通判；相性位提性爲有，對般若無乃唯識別判也。又法相法性法位出華手經求法品。較有依據，又疏抄敘三師次第，護法、安慧、火辨、則一師應是護法。

頌曰：初阿賴耶識、異熟一切種，不可知執受、處了常與觸、作意受想思相應唯捨受。是無覆無記，觸等亦如是，恒轉如瀑流，阿羅漢位捨。

疏抄伏、斷、捨、三各別。有捨不名斷及伏、謂捨身等，有斷不名捨伏、謂斷煩惱等，有伏而不名斷捨、謂伏煩惱現行，今者遍而言之，故八識雖是棄捨，不是染法，非所斷非所伏，而亦通名伏斷也。

論曰：初能變識大小乘教名阿賴耶，此識具有能藏所藏執藏義故；謂與雜染互爲緣故，有情執爲自內我故。

三藏四義：

一　八識非體是能持種義。

攝論第一、雜染品法於此攝藏爲果性故，又即此識於彼攝藏爲因性故。無性於此攝藏者、顯能持習氣；由非唯習氣名阿賴耶，要能持習氣。

二　本識不與轉識爲因緣，由所持自種與自生種爲因緣名因緣種、而持義有關係得爲因緣名依持、種義。

攝論第二、諸法於識藏、識於法亦爾，更互爲果性、亦常爲因性。無性引大論文釋：『阿賴耶識與諸轉識作二緣性。一爲彼種子故（因緣生起因）二彼依故。（增上緣攝受因）爲種子者、謂轉識轉時皆用阿賴耶識爲種子故。（種爲八持、說用八爲種。是依持種，非因緣種。）爲所依者、謂由阿賴耶執受色根，五識依之而轉；又由阿賴耶得有末那、意識依之而轉。……諸轉識與阿賴耶識作二緣性，一於現法中能長養彼種子故，（生起因）二於後法中爲彼得生攝殖彼種子故（牽引因）長養彼種子者、謂如轉識依本識轉時於一依止上同生同滅，熏習本識，由此熏習後後轉識增長熾盛明了而轉（增長熾盛明了而轉者、熏成三性名言種也，此亦就依持種言。）攝殖彼種子者、謂彼熏習種類能引攝當來異熟無記阿賴耶識。（一熏習種賴耶、據新熏成熟。二當來賴耶識、據引發本有生本識種）」然攝論謂依彼法俱生俱滅此中有能生彼因性，無性釋謂此所熏與彼能熏同時生滅，因彼此有隨順能生能熏種類果法習氣。此則融括長養攝殖二義於一句而說，不曾分說也。

燈：問，現八但爲種依，不生雜染，何名彼因？答，種體識用不一異故，攝用歸體說爲法因，又識顯現，種子沉隱，以識能持彼種子故，說識即因，義顯種子。

三　現熏識成種二家義。

一熏時即成種，爲熏種同時家。二能熏住滅相時所熏種起住生相，爲熏種異時家。

同時家以大論長養彼種之於一依止上同生同滅文爲證。異時家解彼文則謂現行能熏之識與第八識同生同滅熏習第八，非現行與種同時滅生。又同時家種生現、現生種、爲異類同時生；若種望現、舊種望新種、而有異類、亦即此剎那、異時家現行望種、種望現行、爲自類異時生。

四　能所藏唯現及唯種識三家義

▲一唯現家

述記：能持染種，種名所藏，此識是能藏；是雜染所熏所依，染法名能藏，此識爲所藏。

能　本現　所

演秘：二云、現初能變與諸轉識互爲緣起，名能所藏。

疏抄：論云能藏所藏者、第八現行識能藏

染種，第八爲能藏，染種爲所藏；猶如倉實爲能藏，穀麥爲所藏。或雜染現行是能藏，本識是所藏處；猶如人爲能藏，廄地中藏爲所藏。

所　轉現　能

▲二種轉本現家　演秘一云，現行第八與所持種互爲二藏。謂現持種，種名所藏，現名能藏；種生現識，識名所藏，種是能藏。

本現　能
所持種　所
本現　所

▲三本種轉現家　圓測、識中種子能生轉識，種名能藏，果名所藏。雜染轉識熏成種子，能熏名能藏，所熏種所藏。

本所持種　能因　演秘：三云，以種望現能熏七識名能所藏。

生　從七識生，能生彼故
轉現　所果　下文：論攝大乘說阿賴耶識與雜染法互爲因緣；述記釋，餘七識品既爲能熏亦所生故，互爲因緣。又述記由炷生焰，如種生現，由焰燒炷，如現熏種名爲展轉，此即三法展轉
本受熏種　所果　因果同時義。

學記護法宗藏識理須具三，基師本識現行具三藏義而無因緣。測師唯種識上說能所藏，有因緣義而非三藏。然轉識轉生熏種，熏種亦彼轉種故而許有別義，持種之義名爲能藏，受熏之義名爲所藏，被六七時執名爲執藏，則亦有三藏義也。

攝論第一等云非如大等藏最勝等中，等云之等字衍文。大論、顯揚、雜集、俱無是語，卻何所等？其最勝等中之等字、攝論雖無而此加者，顯數論勝性是三德合成非一，故等也，數論大等二十三諦望最勝等、大等唯所藏。勝性唯能藏。今賴耶與染法互爲能所，而彼大等不能生最勝，故不同

也、冥性生大，如金作玔，一向同故；本轉互緣、熖炷相燒，不一不異故。

無學有所知障而無此名者，故知藏義唯煩惱障義。

若爾、七地已前二乘有學入無漏心我愛不執應捨此名，然不捨此名者，以出觀時還被我執所緣故也。

此即顯示初能變識所有自相，攝持因果爲自相故。此識自相分位雖多，藏識過量，是故偏說。

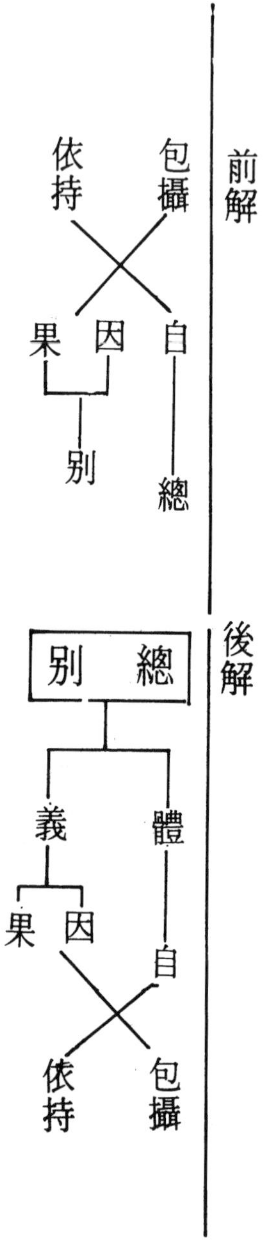

基師自離二無體前後二解：

前解，自體是種，因果是別；別爲總所包、名之爲攝，總爲別所依、名之爲持。

後解，二是總之義，總是義之體、體與義爲依、名之爲持，攝二義爲體、名之爲攝。

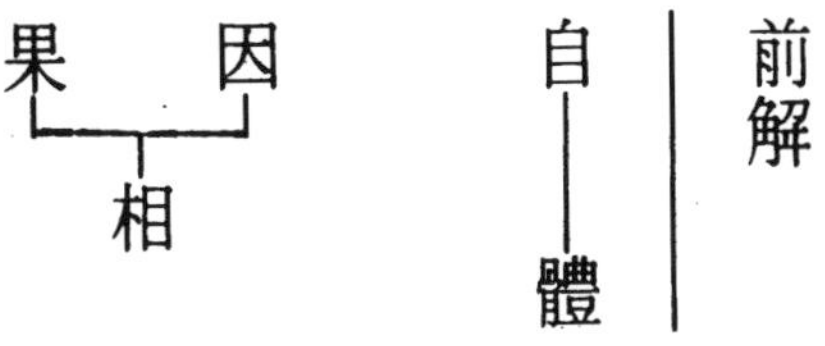

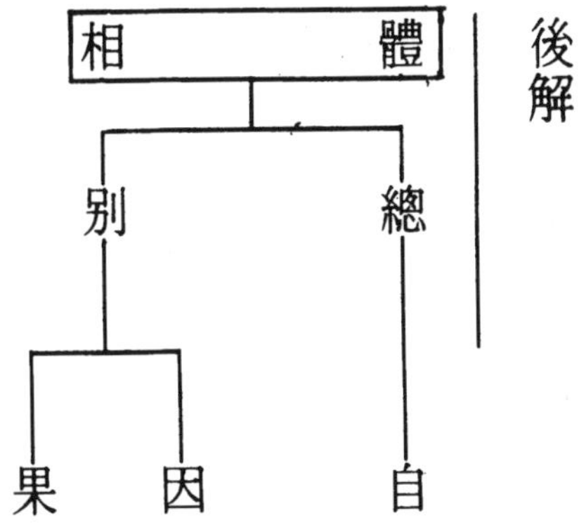

圓測自離二有相前後二解：

前解，自相即體，餘二相狀，持種酬因爲二相故。

後解，三皆體相，以總攝別。如世親論三自相故。雖有三門，皆即體義，無一識三體之失。

學記：測後基前，總別義同：測前基後，體義意同，惟世親攝論總別爲三，此中自相、因果二性之所建立，此中因相、唯是因性之所建立，此中果相、唯是果性之所建立。

自相非條然因果相合，但即一體上別義說故。此如一眞法界之上別立人法二空眞如；雖開三種，猶名賴耶，不爲餘法（餘識及根塵）故言實有。樞要此中三相俱唯現行，現可見故，執持勝故。

二乘有學金剛無間爲正捨，無學解脫爲已捨。

此是能引諸界趣生善不善業異熟果故，說名異熟。離此，命根、衆同分等、恒時相續勝異熟果不可得故。此即顯示初能變識所有果相。

一　薩婆多離八有命根衆同分爲異熟：

不得取色，無色界無有色故。不得取心，無心定無有心故。所以取命根、衆同分、爲眞異熟，如彼頌曰：命唯是異熟，（不取色及心）憂及後八非。（二十二根中不取憂根及後信等五根三無漏根，凡九根非異熟）。

色意餘四受、一一皆通二、（色根、意根、苦、樂、喜、捨、根、凡六根通異熟非異熟。眼、耳、鼻、舌、身、男、女、屬色。）

二　他地部離八有窮生死蘊爲異熟：有三種蘊：一者一念頃蘊，謂一刹那有生滅法。二者一期生蘊，謂乃至死恒隨轉法。三者窮生死蘊，謂乃至得金剛喩定恒隨轉法。

三　大衆部離八有根本識爲異熟：根本識者、餘識因故，譬如樹根是莖等因。

四　上座部分別論離八有有分識爲異熟：九心輪者、一任運轉境名有分，二境至警覺名能引發，三心旣矚照名見，四便起尋求名尋求，五察識善惡名貫徹，六起語分別名安立，七隨有動作名勢用，八作已休廢名返緣，九還歸任運名有分體。見通五六，餘唯意識，有分通死生，返緣唯死，離欲者不生顧戀、無返緣，唯有分。未離欲者戀愛返緣，境至心生，無則有分任運相續。（有爲三有，分是因義）。

此識果相雖多位多種，異熟寬不共故偏說之。

述記有三段，第一段釋論文有三。初釋多位，（此識果相下）次釋多種，（言多種下）有二師：

初師、法士用、八識有四果。（除法體不動外、凡法爲用而動作者皆名士用）。

（甲）前望後爲等流果。

種望現
種望種　皆同類因得等流果
現望種

現望現　前念現雖同類因，然現唯生種，種乃生現，中有間隔，非等流果，有處說等流果，乃假非實，如殺生得短命報，若言果、即從他生名果，若言因，即能生他名因。今既說第八識爲果者，即納第八現行從種他生也。

（乙）同時心所望此心王名士用果，種子生現時亦名士用。

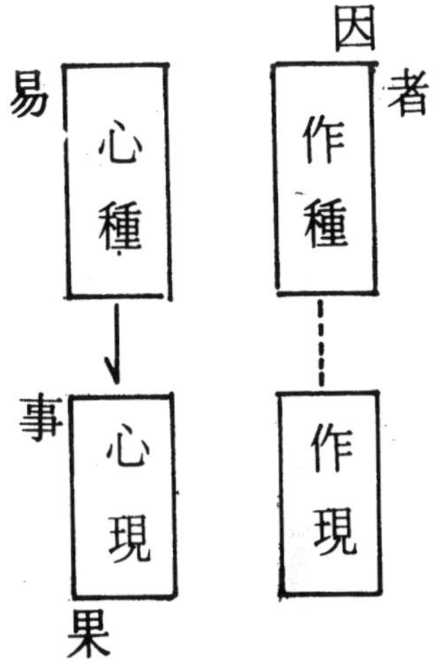

取心王爲士用果，同時五個心所爲相應因、俱有因。此是作意種望心法現爲俱生士用。

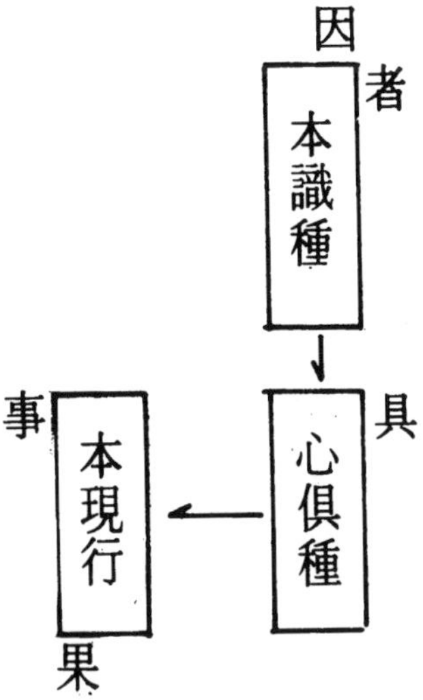

本識種生現時與心定俱時種爲俱有因。此即取能親生第八識名言種子爲俱有因，所生得現行第八識爲士用果。此是同類種望後念現爲無間士用。

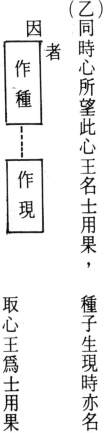

（丙）亦名增上果。若約雜乱增上。士用、等流、異熟、皆名增上，故有取第八現行識爲增上果。

（丁）異熟果可知。由善惡業所感得第八識現行，第八現行亦名異熟果也。二師、人士用八識唯三果、等流、異熟、增上，五蘊假人本識無故。

後釋異熟寬不共偏說（此識果相下）三果通餘法、異熟唯八心者，三性種自相引皆有等流。王所相望皆有士用果，種生現行皆有士用果、雜乱增上通一切有；若異熟果唯是無記唯八識有，故云不共。此窺師從第一師說。若第二師、則云有餘二果（無士用）可通餘法。然不說六識異熟生心者，以間斷故，非眞異熟故。

第二段出果相體，（此明有漏下）有二家一果體兼種家，其現唯第八後三分，不取相分山河器世及五色根，俱有間斷、壞空盲聾故，又色根非眞異熟故。其種唯取生今八現之名言被業引起者，不取餘七、餘亦非眞異熟故，不取未來世種非現果體故，二果體唯現家，不取能生第八名言種。

第三段釋三相寬狹，有三釋：

（甲）最寬，因果俱通現種故。（據實而言下）

現通因　八現識與一切法爲依持因。

現通果　現行本識一由自名言生，二由善惡業種生。

種通因　識種與一切法爲因緣因，諸法現行各從自種生。

種通果　一七現能熏所生之種，二前念種所生之後念種。

（乙）處中，果種唯業、因種一切故（然種果狹下）

唯是第八無記異熟識果、簡餘善惡果、七識現行果、七識種子果故。唯是業種，八現及名言種皆爲善惡業所感得故也。現及名言爲業感得是業之果，亦名業果。

（丙）最狹因果唯取現行故。（然今此文下）

唯第八現行識爲三相，不取餘也。果相約從善惡勢力生，以此名異熟果故。不約從本識親名言種生，以彼名等流果故。因相亦約第八現行能與轉識作依持因說故。即一現行識若望業招則名果相。若望能持一切種切種則名因相，若望攝得因果則名自相。今唯明第八三相，故局第八，不取其餘。

此能執持諸法種子令不失故，名一切種。

初釋頌因相唯現。（以現行識執持下）　二通論因相唯現及通種現。（三相皆唯現行之識下）　三問答前文第二釋（問何故果相唯異熟法下）

約互爲緣果相亦通三相一種者，八與七爲因，（現爲所依現亦爲因）（種即種子識）七與八爲果。現生長彼種（種亦爲果）能熏種中攝殖本現行

佛果唯自相因相無果相，非熏非異熟故，若准攝論頌，但從他生名果相，佛果現行可名果相，從自種生故基師以前解爲勝，此說望他爲因果故。太賢後解爲勝，既自相合因果，非唯因相無餘相故。

離此，餘法能遍執持諸法種子不可得故。此即顯示初能變識所有因相。此識因相雖有多種，持種不共，是故偏說，初偏說、初能變識體相雖多，略說唯有如是三相。

小六因之不共：（八有小乘四因，然八現之持種諸皆不共。）

同類因　約從他生則八爲果，約能生他則八爲因，前念生他現行望後

念所生現行爲同類因。後念所生現行爲等流果。

俱有因　後念自名言種與前念現俱有，而生後念現，自名言種爲俱有因，若唯約前念現，即無此因。

相應因　前念現爲相應因，能生後念同時五心所，五所即士用果。

能作因　即八現持種與諸法作依持因，有生長用故。（若相濫解、相應俱有同類皆名能作，今離三別立。）

異熟因　異熟因即是善惡業，八唯無記故。

遍行因　十一遍使諸法遍，遍與五部染法爲因，八唯無記故。

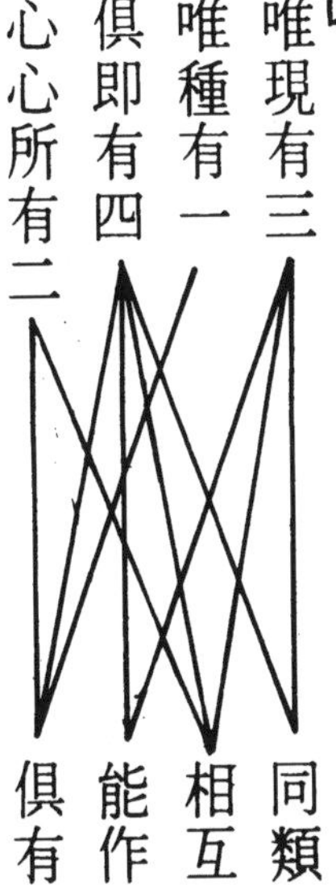

小六因若同類相應爲前現，若具有爲自種，若異熟遍行爲善染，而此

八現是後現非前，是後現非種，是無記非他，則唯於能作因中別辨持種，故爲不共。

現行望種非、種望之是者，八現不能熏新種，但俱前種子而在後現；現望於新種、現非俱有因也。現行從種生、種望於所生之現、種即是俱有因也。問，八不能熏新種，其餘七識三性新作能熏種，非自前名言種者、而望本識可爲俱有因耶？答，然疏遠故，如小相望本法體是俱有而非因也、若小四望大四是俱有因、小生能生大生故。小生望本法俱有而非因大生能生八法故。小生大生俱是能生則爲俱有，小生不生本法則爲非因。七種於八現亦爾，七種八種俱是能生，七種實不生八現也。

大十因之不共：（八有大乘八因，然八現。）

隨說因

觀待因——遠行待足等，七生待八現。

攝受因

根依處——八為通依，七依得生。

作用依處——八為疏緣，餘七得生。

同事因——攬前因法皆同事故

若說本識唯現是依持因，疏取此四，持種不共，餘不得有，今指此言

說本識唯現。又解取攝受、同事、不相違、定異。

同前

同前

不相違因　通一切法故。

牽引因
生起因
引發因
定異因

有親種　若說本識兼種，是因緣因，親取此四又疏爲依持（即方便因）本識現行與七現作依。持因故，親爲因緣（即生起因）識中所持種子能

相違因

攬前因爲體

約一身同起，同界類故。

除異性相招，異熟因故，八識即是。

生諸法故，且是二相名不共餘，餘無此也。

唯識講義

歐陽竟無先生講

八識八段十義卷二

一切種相應更分別，此中何法名爲種子？謂本識中親生自果功能差別。

一解謂本識中四字，亦簡餘部六識類等。二解親生自果四字。測云：理實有支亦是因相，然且說親名言種子是因相；如等流果亦是果相，然且說疏異熟以爲果相。此與窺師異。然觀論意，窺師爲勝，三解功能差別四字。

此與本識及所生果不一不異，體用因果理應爾故。

攝論：『阿賴耶中諸雜染品法種子爲別異住？爲無別異？非彼種子有別實物於此中住，亦非不異。』無性釋：『一切種子是阿賴耶功能差別，如法作用與諸法體非一非異，此亦復爾。』此唯望體用門明之。

瑜伽五十二：『云何非析諸行別有實物名爲種子，亦非餘處？然即諸行如是種姓、如是等生、如是安布、名爲種子，亦名爲果，果與種子不相雜亂，若望過去諸行即此名果，若望未來諸行即此名種子，望彼諸法不可定說異不異相，猶如眞如」。此但據因果門以辨。（非唯種子望本識義、唯字應削去．疏抄言瑜伽言瑜伽無體用門義故、且與下文此亦體用門，亦字通得。）

本論體用因果理應爾故兼二門而說。

雖非一異而是實有，假法如無，非固緣故。

述記然法非果下，此破薩婆多生相是因、所生有爲法是果也。彼宗云，大生生八法（大四相小四相，）大四相更互望八法及本法望八法皆是俱有因，然法（八法）非因而是果，生（大生）非果而是因；若小生生大、即小生爲俱有因，大生爲果；餘小四亦然。今破之二我大乘生（大生）非是因，法（八法）非是果。大乘之生一於法體上分位假立，二於種生現時現行上假立，三於現生種時種上假立不同種子非於現行上假立與現行各有因果差別用也。

此與諸法既非一異，應如瓶等是假非實、若爾，眞如應是假有，許則便無眞勝義諦。

述記，安慧見相是計執，種是相分，故假，清辯種唯是俗假。問答假實是安慧清辨與護法事、然圓測則謂是護月與護法事。月藏（即護月）等說種子是假非實，自體分上有能生用名爲種故；如攝論，「非彼種子別有實物於此中住亦非不異。」然五十二說實物者、約所依說，種附識體，比瓶立量。護法等說種子是實非假，說實物故，假無自體如兔角故，西方有此二諍，此論即是。可與基師並存。

然諸種子唯依世俗說爲實有，不同眞如。

一重勝義、種子唯世俗諦中有，故名諦唯、不通勝義諦中有、若西，重勝義則俗第二之三科種及第三之除滅餘諦種、（集諦爲有漏種，道諦爲無漏種。）爲勝義第一第二所攝。

又種子唯於四俗中則實，故名實唯。若在四眞中、則假。初之三科依緣而起如幻化故假也。次之四諦因果施設相對起故，假也。（此論中言，觀現在法上有初相故，即於現在法上假立曾因對說現果，又觀此現在法有引彼後用故，即於現在法上假立當果對說現因。）三之二空見靈無體，亦是假立。唯四一眞然後信實。而俗不共。

種子雖依第八識體、而是此識相分非餘，見分恒取此爲境故。

護月：大論生無色唯緣種者、以種依見住，（護月學）蓋約自證緣種而說，若約見分、得緣下界色，許一界賴耶緣三界色故。大論實未盡理。

基師；種子依自體分，所熏處故，然見分緣功能差別非是緣自證分體，此說七轉、識熏所到之靈而已．見分是分是自證分上義用別，相分亦是自證分上功能差別也。

測師：熏自證分有實種子相分所攝，非餘三分，見分恒取此爲境故。淨識相分類故，雖見不緣而相分攝。旣見不緣，而附自證，從體分攝，理有何妨？

諸有漏種與異熟識體無別故，無記性攝；因果俱有善等性故．亦名善等。

對法三末及四初三性：

善	無記	不善
自性	○	○
相屬	○	○
隨逐	○	○
發起	○	○
發起	○	○
第一義	○	○
生得	○	○
方便	○	○
現前供養	○	○
饒益	○	損害
□	受用	○

引攝〇　〇
對治〇　所治
寂靜〇　障礙
等流〇　〇

大論：「一住自性界，謂十八界墮自相續各各決定差別種子。二習增長界，謂即諸法或是其善或是不善於餘生中先已數習令彼現行，故於今時種子彊盛依附相續，由是爲因暫遇小緣便能現起定不可轉。」

諸無漏種非異熟識性所攝故，因果俱是善性攝故，唯名爲善。

無漏亦相分收。但說見分親所緣者皆名相分；不言諸相分皆見所緣，見雖不緣，而不離識。故亦唯識。因位染見不緣，果位淨見亦緣。

若爾，何故決擇分說二十二根一切皆有異熟種子？皆異熟生，雖名異熟而非無記，依異熟故名異熟種，異性相依，如眼等識。或無漏種由熏習力轉變成熟立異熟名，非無記性所攝異熟。

此除佛無漏即齊義者、佛位能依種子所依八識皆善，則不是異性相依除佛如十地二乘皆異性相依。如識通三性，眼唯無記，眼從所依乃名眼識，即是齊義，齊其所依也。無漏不從所依，但約自熏轉熟而名爲異熟，即是不齊，不齊其所依也。

此通佛果諸無漏種者、佛雖亦熏，種生現時亦須轉變。已發心而資糧加行聞熏增名經熏習氣，未發心種不增長名未經熏習。前解異性相依，十地二乘已熏未熏皆依異熟，屬法爾言、新熏不許。後解轉變成熟，唯是已熏，熏皆不諍。

護月本有

加行位
漏種生現
亦熏無漏
增長轉變

難陀新熏

加行位
聞熏令漏
殊勝轉變

護法本始

加行位
有漏聞熏
資無漏種
無漏種子
由熏轉變

加行入見道位
本有無漏
方生現行
現起資本
更不新熏

加行入見道位
漏轉無漏
而生現行
二念已去
無漏現行
又熏成種

加行入見道位
從本有現
入初地已
又起現行
此又起現
亦能資舊
亦能成新

此中有義，一切種子皆本性有，不從熏生，由熏習力但可增長。如契經說、「一切有情無始時來有種種界，如惡叉聚法爾而有。」界即種子差別名故。又契經說，「無始時來界一切法等依。」界是因義。瑜伽亦說，「諸種子體無始時來性雖本有而由染諍新所熏發，諸有情類無始時來若般涅槃法者一切種子皆悉具足，不般涅槃法者便闕三種菩提種子。」如是等文、誠證非一。又諸有情既說本有五種姓別，故應定有法爾種子不由熏生。又瑜伽說，「地獄成就三無漏根是種非現。」又「從無始展轉傳來法爾所得本姓住種。」由此等證、無漏種子法爾本有，不從熏生．有漏亦應爾有種由熏增長，不別熏生。如是建立因果不乱。

立宗種子皆本性有。會教、熏但可增。教證、初通漏無漏，次唯無漏。後例有漏。

述記：無盡意是三乘通經，婆沙亦引無始時來有種種界文；彼不許有種子，而以三界十八界解種種界。

述記又第三卷次前上文者、瑜伽之三卷次於其前第二卷明諸種子所熏之文上，而辨諸有情類有無涅槃。

述記本性住姓彼有六處惟取第六者，西方解六處殊勝有六家：

㈠無漏殊勝爲六處所攝。

㈡六處攝二障種，斷障稱殊。

（以上二家是隨轉門，眞實唯第六有無漏種。）

㈢意處於六處殊，（心意識三八識通有）。第六意於意處殊，無漏種於第六意殊。（擧體取用）。

㈣八之相分是眼等五處，八之見分是意六處，此相見六處所依自體上有無漏種殊。（舉相顯體）。

㈤八中具無漏六根種殊，亦具無漏六塵種殊，就强不說十二。

㈥實有無漏十二處，種子不過六，故但云六。

述記若新唯一種理亦不然不可初熏後不熏故比量齊故者，量云，後念七識定能熏新熏種，因云能熏攝故，猶如前念；則知前念後念皆有種子，非唯一種也。

有義，種子皆熏故生，所熏能熏皆無始有，故諸染種子無始成就。種子既是習氣異名，習氣必由熏習而有，如麻香氣、華熏故生，如契經說，「諸有情心染淨諸法所熏習故，無量種子之所積集。」論說，「內種定有熏習，外種或有或無。」又「名言等三種熏習總攝一切有漏法種，」彼三既由熏習而有，故有漏種必藉熏生。無漏種生亦由熏習。說聞熏習聞淨法界等流正法而熏起故，是出世心種子性故。有情本來種姓差別，不由無漏種子有無，但依有障無障建立．如瑜伽說「於眞如境若有畢竟二障種者立爲不般涅槃法性，若有畢竟所知障種非煩惱者一分立爲聲聞種姓，一分立爲獨覺種姓，若無畢竟二障種者即立彼爲如來種姓。』故知如來種姓差別依障建立，非無漏種。所說成就無漏種言、依當可生，非已有體。

立宗，種子皆熏故生。會教、本有是無始熏，以名定體名習氣故。教證，初有漏、次無漏、後會違。

又名言等總攝有漏法種者，無漏法凡所無，必世第一以去初念從有漏種而生無漏現行故，凡位三熏唯攝有漏種盡。若護法不然有支我持唯有漏，名言通無漏。

述記等流正法至熏習起故者，正法所生有七次第，一佛有大定，二正智緣如。三眞出後智，四後智起悲，五觀生應化，六八相成道，七十二分敎。正法聞熏出世種生者，敎法是眞如家平等流出，相相隣近；智證斷惑出世種生，聞敎能伏，其相相似，亦熏種成，地前聞熏有漏得生世無漏也。正法從眞如流出如十力中之種種界智力能緣本識中種子，其餘智力不能。其十菩薩無此智力，而緣本識種子亦必不能，菩薩唯緣遇未現行善惡業果，不能緣種子，二乘亦不見種子。

述記又瑜伽論五十二說從眞如所緣緣種子生者，西方有三釋：勝軍新熏家二：（敎從眞出，假說爲種。）

一證眞展轉流出之敎，勝解行地緣作所緣兩生出世，從本爲名名從眞如所緣緣生。

二初地，聖道，一從世第一爲增上無間二緣生，二從眞如所緣緣生

護月本有家二：

一本有爲增上眞如爲所緣故，順解脫善根生。

二本有爲因緣，解脫分爲增上。世第一爲無間，眞如爲所緣故，初地出世法得生。

戒賢新舊合家：

與本有家略同。

述記解有利鈍於煩惱斷中修習差別者，聲聞四諦十六心或六行智斷，四生百劫證。緣覺觀十二因緣或思風動樹斷，三生六十劫證。又緣覺有二

：一部行、聲聞相似；二麟喻、斷惑有百六十心。（四禪四空各九品惑，每品二心無間解脫，共有百四十四，合苦法智等十六心成百六十心。）成佛有三十四心。（離欲入見道十六心，趣四禪三空直至有頂，有頂有九品惑，每惑二心無間解脫爲十八心，幷爲三十四心也。）

有義、種子各有二類：一者本有，謂無始來異熟識中法爾而有生蘊處界功能差別，世尊依此說諸有情無始時來有種種界如惡叉聚法爾而有，餘所引證廣說如初，此即名爲本性住種。二者始起，謂無始來數數現行熏習而有，世尊依此說有情心染淨諸法所熏習故無量種子之所積集，諸論亦說染淨種子由染淨法熏習故生，此即名爲習所成種。

立宗，種子有無始法爾者爲本性住種，有無始現熏者爲習所成種。若唯本，七八互爲因緣難通。若唯始無漏有因緣難通。此立宗，下破他及會違。

若唯本有。轉識不應與阿賴耶爲因緣性。如契經說：『諸法於識藏，識於法亦爾，更互爲果性，亦常爲因性。』此頌意言阿賴耶識與諸轉識於一切時展轉相生互為因果，攝大乘說：『阿賴耶識與雜染法互為因緣，如炷與燄展轉生燒，又如束蘆互相依住；唯依此二建立因緣，所餘因緣不可得故。』若諸種子不由熏生，如何轉識阿賴耶有因緣義？非熏令長可名因緣，勿善惡業與異熟果為因緣故。又諸聖教說有種子由熏習生；皆違彼義。故唯本有，理教相違。

此難本有家，有三：初引經難，（若唯本有至有因緣義述記至為因緣故分五）、次破救難，（非熏令長至為因緣故），後違教難。（又諸聖教至理教相違，）

初引經難引頌段（如契經說至亦常為因性。）述記初句能藏。次句所藏；（現法長養彼種者，謂依八之轉識轉時同生同滅，而熏八中令彼轉識增盛成三性名言種；准此但似轉識與自轉識為因緣，而言與賴耶作因緣者，影顯生現是持諸熏習令轉識現生。後法攝殖彼種者，名言種類之業種引彼名言而生現行。）太賢學記以為非是，兩句皆各具能所藏，蓋窺師是能所藏之唯現家，太賢從圓測是能所藏之本種轉現家故也。釋頌段、初釋頌成因緣，（此頌意言至相生互爲因緣、）二引教成前義，（攝大乘說至染法互爲因緣，）三喻因緣非外法，（如炷與燄至互相依，一因緣義，二依持義，不但因果義，）四立因唯種現。（唯依此二至不可得故，擴展轉義有三法，據因緣體唯二法。）

次破救難，述記二段：初釋論文。（第五重破至亦有新熏）。釋勿善惡業與異熟果爲因緣句，疏家有謂是三家解：初以果體業體共一種生難。（異熟果是果體，異熟果因是業體。）次業體果體各自一種生難，分爲二家：一謂果種不能熏增自種而業現熏增之，（又汝若言至爲因緣故）、二謂業種增自業種亦旁資而增果種。（或復業種至亦有新熏）、疏家又有謂初是總相出難意，次下有其二難，其第二之旁資義是三藏法師解。

今欲明論意，將三釋會爲一處而求論意所在。本有家自體以自種爲因緣，而又救言熏長爲因緣；夫自不能熏長則熏義不能屏他，他非因緣則長非因緣；又自不能長，長絕而因緣絕，則長不能爲因緣，絕救會文如下：

汝言諸法各但一種，若異熟果因但是一種生。（又汝若言善惡業體是一種生異熟果體是一種各生各一種者，）善惡業現行熏果種增時，（而異熟果現不自熏，但善惡業現行熏令果種增長，其種本有。）善惡業與果應爲因緣故。（業於果種能令增長應名因緣，如自業種但令增長爲因緣故。●或復業種增名言種應是因緣）。既非因緣。故非增長名曰因緣。

次二問答：（若爾設俱至彼非因緣），本有家初問：名言種是新熏，業種是新熏，一時熏故，何名因緣？我果業俱增不爲因緣，汝果業俱熏豈名因緣？答：我熏有辦有資，辦爲因緣，（業先熏得名言種已後時起業現行又熏辦成種，業現望業種爲因緣也，）資則非是，汝增俱資，俱不辦，於汝有過，於我無失。業種旁資名言種是本有家意名觀本意，後解爲本也。今雖本意轉識熏增不與第八爲因緣，唯以自類爲因緣故。●本有家又問：有新種生現，舊種無用，應不生現？答：視各逢緣，新現舊亦現。

若唯始起，有爲無漏無因緣故，應不得生。有漏不應爲無漏種，勿無漏種生有漏故，許應諸佛有漏復生，善等應爲不善等種。

初難新熏家無法爾種，始起生無漏。次難分別論無法爾種，淨體生無漏。三明正義，地前但法爾，見道有新熏。四經論會違，此初也。勿無漏種生有漏故者，如延壽法，十王報。然延壽法非親生新，但資故業；十王報因地前修，非親感果，有漏業果不許無漏生也。

述記此初無漏許無因緣亦有何妨者，此用薩婆多刹那義救也。彼宗有五種法；一長養，二等流，三異熟，四刹那，五工實。初念無漏苦法智忍非長養，（不是色故）非等流，（先非無漏不從同類生故，）非異熟，（無漏善非無記故）、非實，（不是無爲故）、唯刹那。此一刹那無因而生，（惟相應，俱有、能作、無徧行、同類、異熟、）第二念苦法智方有第一念苦法智忍爲因也，大乘地前本有增爲見道初念因，第二念即不現行，轉齊非轉滅故也。（詳後）

靈泰云、有部無善與不善爲同類因，唯有不善與有覆無記爲同類因，如身邊有覆起瞋等，疏主錯也。或云，前善生後惡心爲同類。或云假設許之。

分別論者雖作是說：心性本淨，客塵煩惱所染污故名爲雜染，離煩惱時轉成無漏。故無漏法非無因生。而心性言，彼說何義？若說空理，空非心因；常法定非諸法種子，以體前後無轉變故；若即說心，應同數論，相雖轉變而體常一。（一）惡無記心又應是善。（二）許則應與信等相應。（三）不許便應非善心；體尚不名善，況是無漏？（四）有漏善心既稱雜染如惡心等。性非無漏，故不應與無漏爲因，勿善惡等互爲因故。（五）若有漏心性是無漏，應無漏心性是有漏，差別因緣不可得故。（六）又異生心若是無漏，則異生位無漏現行應名聖者。（七）若異生心性雖無漏而相有染不名無漏無斯過者、則心種子亦非無漏，何故汝論說有異生唯得成就無漏種子，種子現行性相同故。（八）然契經說心性淨者，說心空理所顯眞如，眞如是心眞實性故。或說心體非煩惱故名性本淨，非有漏心性是無漏故名本淨。

此次難分別論無法爾種淨體生無漏也。基師、測師、所科不同。基科三段，初叙宗段。（分別論者至非無因生）、次破他段有二：一空理非因難，（而心性言至無轉變故、）二起心非淨難，有八：（一）心即能緣相變體一同數論。（若即說心至而體常一、）（二）相漏性無漏惡心應善心。（惡無記心又應是善、）（三）許惡心是善應有善心所。（許則應與信等相應、）（四）不許善心所則性非是善。（不許便應至況是無漏、）（五）有漏雜如惡雜非無漏因，（有漏善心至互爲因故、）（六）漏是無漏，無漏亦漏。（若有漏心至不可得故、）（七）性淨則現應無漏。（又異生心至應名聖者。述記許現行有漏心性淨故，如佛等聖，因於喻上不轉，佛元無有漏心性。應量：諸異生位應無漏現行，許心性淨故，如佛等聖。然窺師亦是說異生汎起諸心耳，率語未酌，遂爾生過）。（八）現染則種非無漏。（若異生至性相同故、）後自解段有三：一是勝鬘法性心，（然契經說至眞實性故，）二是瑜伽依他心，（或說心體至名心本淨、）三非分別論有漏心。

測科三段：初後同基，次破他段起心非淨難有四失：（一）相違即體失，（若即說心至而體常一。）（二）三性雜亂失，（惡無記心至互爲因故。）（三）漏無漏同失。（若有漏心至不可得故。）（四）凡聖異失。

(又異生心至性相同故、)

基科七八難，測科第四失中，論文何故汝論說有異生唯得成就無漏種子句，有二條辨。初叙此義屬分別論中何部。分別論者，有說不屬專部，凡不如理皆稱分別，其中有諸部不善義，有大衆四部不善義，有大乘心涵師不善義。基師樞要、此義屬何有三解。太賢一一駁為非是。

(基)大衆部等不立種子，今破大乘異師之義。(太)對分別論既言汝論。寧知此破大乘師？大衆心本淨同分別論。有種無種不同何失？

(基)或大衆部有當生義名為種子，不同經部別有種子。(太)或若當生名為種子。何言種子現行性同？以現例種，明知令生，其當所生純無漏故。

(基)或不相應隨眠名種。(太)或彼煩惱種名隨眠，如何無漏種名隨眠？

太賢謂分別論有無漏種，不必大衆，不必大乘異師，而別指諸部。

次敍此義之學說，彼宗謂法有二因；一本性因，即無漏種；二擊發因，即心本性。然彼不許有第八識，其種無依。彼三性心由現有染雖非無漏。本性淨故，所熏成種即成無漏。此種通生有漏無漏，初生無漏以此爲因。彼本淨生新漏，初道無正因，同難陀義，故例破也。

由此應信有諸有情無始時來有無漏種法爾成就，後勝進位熏令增長，無漏法起以此爲因；無漏起時復熏種。有漏法爾，類此應知。

此三明正義。地前但法爾，見道有新熏也。見道初念所熏之種於第二念不生現行，蓋初念是斷惑智種，其現行亦爲斷惑；二念是證理智種，則現行自爲證理。感現有別，視其種別。非但初念見道起是法爾種生，初念修道起或見或相亦法爾種，見修以後所起無漏，新舊共生，轉齊勢力二種等故。若爾，如何護法破他言不見二種生一？然二種生一者，二種同依一識和合似一，如一麥子衆微共生。非不和合條然各別但聚一處而爲生一也。

諸聖教中雖說內種定有熏習，而不定說一切種子皆熏故生，寧全撥無本有種子？然本有種亦由熏習令其增盛方能得果，故說內種定有熏習。其聞熏習非唯有漏。聞正法時亦熏本有無漏種子令漸增盛，展轉乃至生出世心，故亦說此名聞熏習。聞熏習中有漏性者是修所斷，感勝異熟，爲出世法勝增上緣；無漏性者非所斷攝，與出法正爲因緣，此正因緣微隱難了，有寄麤顯勝增上緣方便說爲出世心種。依障建立種姓別者，意顯無漏種子有無。謂若全無無漏種者，彼二障種永不可害，即立彼爲非涅槃法。若唯有二乘無漏種者，彼所知障種永不可害，一分立爲聲聞種姓，一分立爲獨覺種姓。若亦有佛無漏種者，彼二障種俱可永害，即立彼爲如來種姓。故由無漏種子有無，障有可斷不可斷義。然無漏種微隱難知，故約彼障顯姓差別不爾，彼障有何別因，而有可害不可害者？若謂法爾有此障別，無漏法爾寧不許然？若本全無無漏法種，則諸聖道永不得生，誰當能害二障種子，而說依障立種姓別？既彼聖道必無生義，說當可生亦定非理。

此四經論會違也。一段會內種定有熏習違；生則不定，增則亦定。（諸聖教中至故說內種定有熏習。）二段會聞法熏生出世心違；亦本有熏增，或方便寄說。（其聞熏習至方便說爲出世心種、）三段會依障立姓違；

約障以顯微，種障俱法爾。（依障建立至亦定非理、）

論聞正法時亦熏本有無漏種子令漸增盛者，此熏爲疏熏。

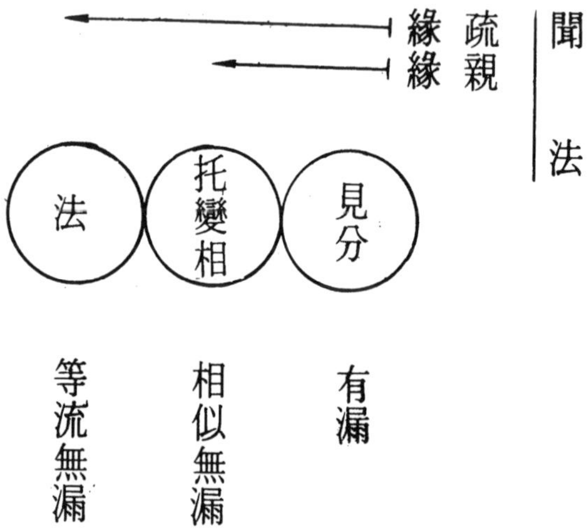

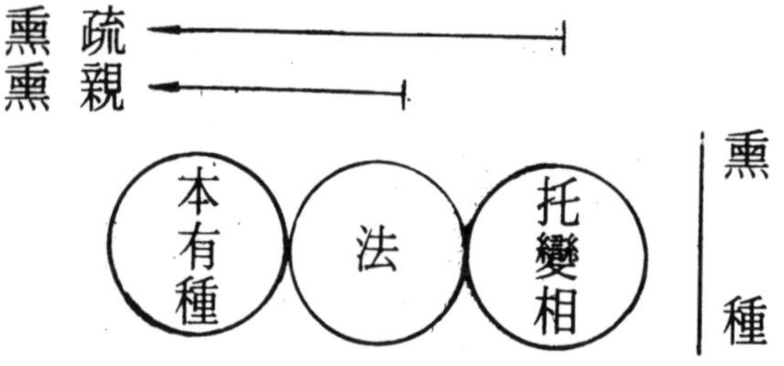

述記及自因緣所熏有漏種爲增上緣者，資糧加行中本有種弱，新熏種

强，强能旁資無漏，猶如前文有漏善惡業能旁資他異熟名言令增也。

述記亦是有漏亦名無漏者，一說，聞思能增爲有漏。淨種所增爲無漏。二說，取此位本有無漏種名無漏。三說，此位體非無漏，以能背有漏而順無漏名無漏。●對法：漏隨順者謂順抉擇分雖爲煩惱麤重所隨然得建立爲無漏性。基解：一新熏家言，善體有漏能爲增上或因緣生見道，故建立爲無漏性。二本有家言，此位無漏增長之種名無漏性。三互用家言，同本有家。

論感勝異熟者，小七返人天，大十王變易。又釋感不同：

有部——感別報唯滿。（謂色界五蘊滿業。）

測師——感別報引滿。（謂熏餘滿業令感異熟，●然未盡理，唯助餘業無正感者，無漏唯有異熟助伴，非有異熟故。）

範師——感通總報。（謂隨順後有，亦集諦攝，●此亦不然。若感總報，應有支攝、有支唯非學非無學故、）

述記問若本有者爲三品種至有漏亦爾。

一新熏家一品轉滅

一說，無始有有漏解脫善種及有有漏抉擇種。

二說，聞熏有解脫種，觀諦有決擇種；從漏種生無漏現，從無漏種生無漏現熏成無漏種。

二本有家一品轉滅

無始唯有一品解脫分種，唯一品無漏種。

三熏本家多品轉齊

無始全有資糧加行見道十六心十地中入住出三心佛地四智等無量種子。各各種子皆下中上遮進而熏；地前唯進資，地上兼退資，皆是上種生，下不再現。

▲地前唯進資

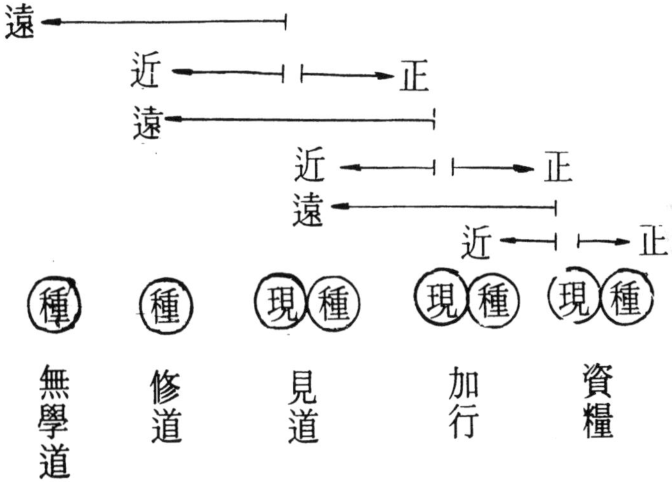

地前各位，下現資自、資中。中種生時、得勝捨劣，下種不現；中亦不退資之，有漏必斷故。

▲地上兼退資

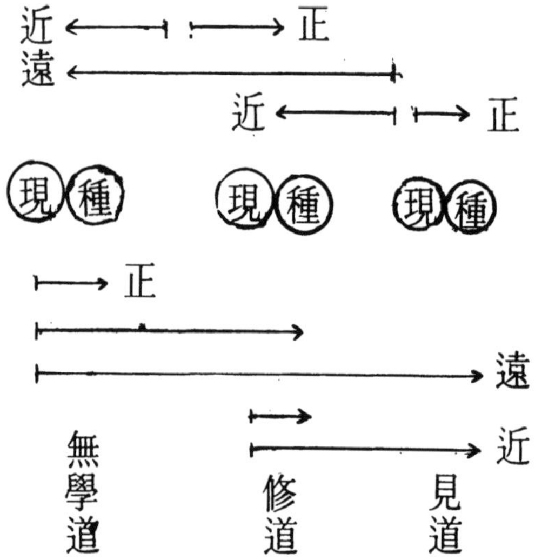

地上各位、苦忍資自，資智。苦智生時得勝捨劣。苦忍不現；然苦忍退資乎忍，俾忍智齊，無漏不斷故。

新熏家，地上有平等觀察，若欲成佛可熏，成圓鏡所作。此違論文轉八識成四智之義。

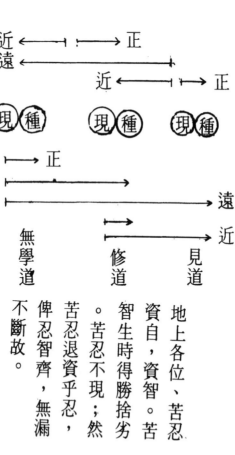

本有家，唯一品種，地上有平等觀察。若欲成佛更不熏新，如何得有圓鏡所作？犯果上闕二智失。

然諸聖教處處說本有種子，皆違彼義，故唯始起理教相違。由此應知諸法種子各有本有始起二類。

基以前結經論會違而返出新熏，新違教後乃總結第三師義。學記幷爲一結。

（卷第二終）

唯識講義

歐陽竟無先生講

八識八段十義卷三

然種子義略有六種：

大論	唯識
一、常法不能爲因	一、剎那滅
二、無常法與他性念爲因（他性） 三、他性後念須已生未滅（後念）	二、果俱有（他性） 三、恒隨轉（後念）
四、必得餘緣 五、須成變異	四、待衆緣
六、與功能相應	五、性決定
七、必相稱相順	六、引自果

一剎那滅，謂體纔生、無間必滅有勝功力方成種子；此遮常法，常無

轉變不可說有能生用故。

表自有二義：一必生滅而後合有爲，二有勝功力而後可取與。遮他有四種：一遮無爲緣起，二遮長時四相，三遮神我常法，四遮眞如爲種。法華一地所生一雨所潤而諸草木生長各異，乃謂一地即眞如生長名種子者，非也。經以三乘理性同，取譬一地，三乘行相異，取譬生長，不說無爲而有生滅。

二果俱有，謂與所生現行果法俱現和合方成種子；此遮前後及定相離。現種異類互不相違，一身俱時有能生用，非如種子自類相生，前後相違必不俱有。雖因與果有俱不俱，而現在時可有因用，未生已滅無自體故，依生現果立種子名，不依引生自類名種，故但應說與果俱者。

表自有三義：一俱，二現，三和合。遮他有二義：一前後非俱時，二相離非一身。（種生種亦入前後攝）

述記由此無姓人第七識不名種子果不顯現故者，測師釋現止一現在義，謂種現同時名俱現也。基必三義釋現而提出顯者無姓主義唯基獨行；有性人七識見道初地應平等性智，缺恒隨轉，其有不缺恒隨轉之無姓人，則七識豈非具種子六義耶，故以顯現爲言。七識有間不攝無姓人，不足言缺義，七識沉隱非止有姓人。乃足言缺義，蓋缺果俱有三義中之現義，現三義中之顯現義也。述記有說至世必不同者，初牒外計（若爾種望至幷非此刹那）。次詰違論，（如何解此）。三外釋，（彼師意說至自當廣述）。四又詰違，（若爾種望種至幷生之妨有三段；一詰違唯識教，若爾下。二詰違瑜珈教若爾下。二詰違瑜珈教，瑜伽云下。三詰違理，若因在滅下。）五總結。（由此故知至世必不同。）

上座因果義　因在滅，果在生；滅時引果，生時酬因。此約一個法體上辨生滅因果，而滅有體非無。

此法體在初生時即名爲果，以酬前滅，故云果在生，前念因之果在現在生也。

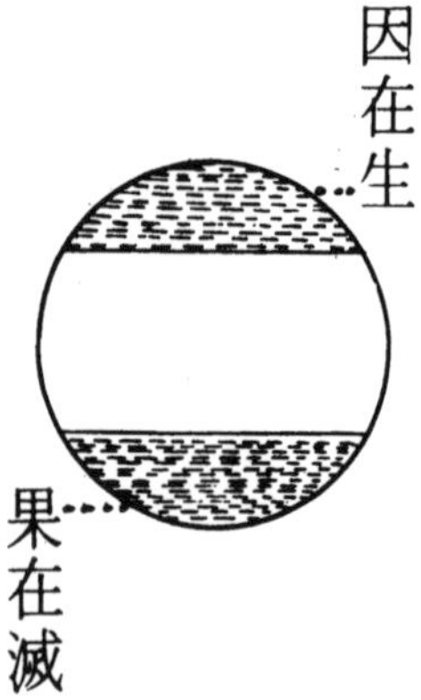

此滅相爲因能引後念法，故云因在滅，後念果之因在現在滅也。

勝軍因果義　因在生，果在滅；生時引果，滅時酬因。此約二個法體上辨生滅因果，而滅亦在體非無。

後法生相果能酬前滅，後生與前滅幷，故云果在滅，謂生果在滅因上也。

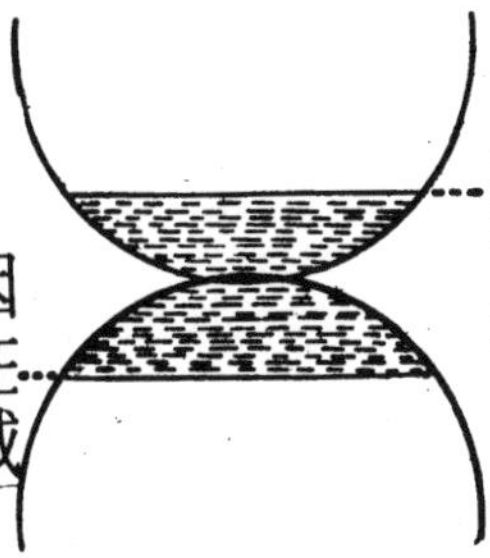

前法滅相因引後至生，前滅與後生幷，故云因在生謂滅因在生果上也。

種望於種類亦應爾者，前念種爲因緣生後念種，前後剎那各自段落，故非無窮，然現行望種時現帶有所熏種，不猶是種望於種耶？答，此有二義：一新舊非等流而是異熟，舊種生現因果骵異，現熏生新能所熏異。二對現名種，猶如對果名因。現熏種時能熏所熏雖是同時，却正搆組，爲正成種，姑亦名種，非已成得名。若已成種，則屬第二剎那後因後果又俱時有。是故新舊種異熟相望與新舊種等流相望不同。種望於種類亦應爾者，等流相望也。

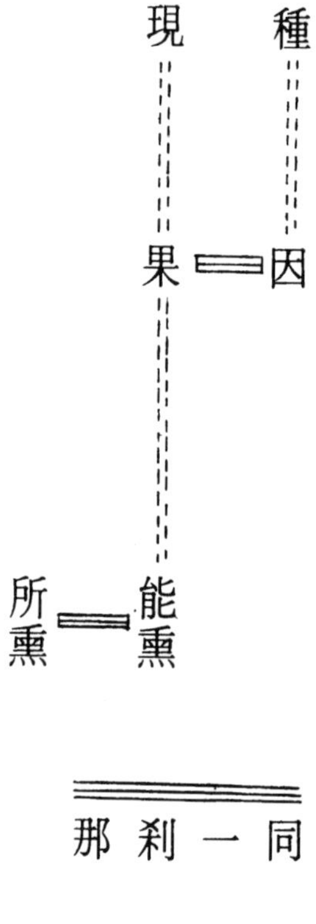

三恒隨轉，謂要長時一類相續至究竟位方成種子；此遮轉識，轉易間斷與種子法不相應故。此顯種子自類相生。

經部六識等能持種子。亦此中破，以三受轉變緣境易脫故。下依上文此但言心實亦遮色例補一句，以無色界根身間斷故。

種子種類義，無性攝論與此論有別，永不生用隸仍潛在至金剛心者，（一見道時無想定種，二見道時三惡道種，三八地以上煩惱種。）此論為種類，攝論亦為種類；暫不生用緣至即發可有果俱者，攝論為種類，此論為種子。

此顯種子自類相生，述記一段文初種生種創義。（即顯至攝論無此）。次有三番難解：一問答七識非種，（問第七至種子不然。）二問答有無盡相，（若爾如何至名恒隨轉）。三難解決一不名種，初難，（此等種唯有至應名種子。）次解，有四家，一家二顯四遮，果俱但遮，（此不應爾至爲種不成）。二家六俱遮非顯，（又說種子至即是種子）。三家缺果俱義乃是種類，無性攝論無種生種之種子義，（又此自類至亦不相違）。四家暫非果俱，緣至可俱，但隱非缺；種生種是種子義，不可以七缺恒轉相例，此爲正義。（又顯種子具至無想定等。）

　四性決定，謂隨因力生善惡等功能決定方成種子，此遮餘部執異性因生異性果有因緣義。

　一辨自體，二性相隨，乃合因緣。有部以同類得等流爲因緣，而實爲異性因生異性果。其異熟得異熟，偏行得等流，俱有相應得二士用爲因緣者，亦皆異性因生異性果也。（三性五蘊自地同部有覆引不善或善名同類，俱有漏故名等流。　善惡業感無記根身異報，善異其惡，因異也，無記異其善惡且異其時，果異也。　身邊有覆徧五部染名徧行，俱染故名等流，然望染中之不善名異性。　業謝亡，業存身在，因果與俱名俱有，即此隔世異熟果名隔越士用，當念心王望當念心所相應與俱名俱有，即此前聚引後聚名無間士用；隔越即異熟，無間即等流。　自地同部業報王能皆。性異也。）

五待衆緣，謂此要待自衆緣合功能殊勝方成種子；此遮外道執自然因不待衆緣恒頓生果，或遮除部緣恒非無，顯所待緣非恒有性，故種於果非恆頓生。六引自果，謂於別別色心等果各各引生方成種子；此遮外道執唯一因生一切果，或遮餘部執色心等互爲因緣。

種雖依識現行句，（種依於持種者，現行之謂持。）自體是識所緣不同於識句，（種是所緣，持種是能緣）。故識現行非名種子句，（三句中識皆指八識）。

唯本識中功能差別具斯六義成種非餘，外麥毒等識所變故，假立種名非實種子。

外種一是現法，二是重變，析至極微仍是假故。

此種勢力生近正果名曰生因，引遠殘果令不頓絕即名引因。

無性以遠近相對，不言正殘，天親約正殘相對，更不云遠近，此論賅備都說。無性種現通四生較廣，天親屍骸不通化生較略。奘師又云天親約法躰解實廣，有情無情皆有生引因故，無性但約有情解實略，唯獨有情上有生引因故。

內種必由熏習生長，親能生果是因緣性；外種熏習或有或無，為增上緣辨所生果，必以內種為彼因緣，是共相種所生果故。

外麥種從內識中麥共相種生，即有情共緣麥等熏種，後種藉此為緣復生實是現行。

依何等義立熏習名？所熏，能熏，各具四義，令種生長，故名熏習；何等名為所熏四義？一堅住性，若法始終一類相續能持習氣乃是能熏，此遮轉識及聲風等，性不堅住故非所熏。二無記性，若法平等無能違逆能容習氣乃是所熏；此遮善染，勢力強盛無所容納故非所熏。由此如來第八淨識唯帶舊種，非新受熏。三可熏性，若法自在性非堅密能受習氣乃是所熏；此遮心所及無為法，依他堅密故非能熏。四與能熏共和合性，若與能熏同時同處不即不離乃是所熏；此遮他身刹那前後，無和合義故非所熏。唯異熟識具此四義可是所熏，非心所等。

堅住之堅可熏，堅密之堅不可熏者，鈔堅住的一類相續，堅密約勝，故別。然三可熏中堅密之言是遮無為，與三無記中強盛（亦約勝說）之言亦遮淨識，有何分別？

堅住遮	無記遮	可熏遮
世親，非如動風。	世親，蒜臭極香。	世親，如金石等。
無性，猶如聲等。	無性，沉麝蒜薤。	無性，非金石等。
此論，一聲風色法。	此論，一善染力強。	此論，一堅密如石。
二轉識王所。	二如來淨識。	二體非自在。

述記無明熏眞如由此知非也，唐疏都不許熏。靈泰疏鈔無明熏眞如者

，即是起信論中天親菩薩引不正師義智周演秘，無明熏眞如者自古諸德多爲此計。此論明簡故知古非；馬鳴菩薩亦言眞如受熏持種，恐譯者誤。道邑義蘊，無明熏眞如者，古師說眞如受熏爲諸法種，此遮無爲，故簡非也。

述記，若二俱持，即成一種生二芽過。如一識種色心兩持，後遇生緣兩處齊生，就種邊言，則有一種兩芽失，現見一種故，就芽言則有兩種一芽失，現見一芽故。

一問答，如瓶至亦不受熏，持物則可，持種則不可。瓶唯形總，假不能持，色等四塵實法持物，不相應行色心分位，色心不持，分位不持，瓶依四塵，塵不持種，瓶即不持。

二問答，若爾本識至假法應得。問意，色心不受熏，不相應不熏；本識固受熏，生物假受熏。

三問答，若假說者至亦如是中說。問意，生不離自證，識熏生亦熏。

何等名爲能熏四義？一有生滅，若法非常能有作用生長習氣乃是能熏；此遮無爲，前後不變無生長用故非能熏。二有勝用，若有生滅勢力增盛能引習氣仍是能熏；此遮異熟心心所等，勢力羸劣故非能熏。三有增減，若有勝用可增可減攝植習氣乃是能熏；此遮佛果圓滿善法，無增無減故非能熏。彼若能熏便非圓滿，前後佛果應有勝劣。四與能熏和合而轉，若與所熏同時同處不即不離乃是能熏；此遮他身剎那前後，無和合義故非能熏。唯七轉識及彼心所有勝勢用而增減者，具此四義，可是能熏。

勝用所遮
- 強盛用 — 色法
- 能緣用
  - 八異熟心
  - 八俱五所
  - 六異熟生
- （色法、八異熟心、八俱五所、六異熟生）— 相分熏
- 無二用 — 不相應法 — 非相分熏

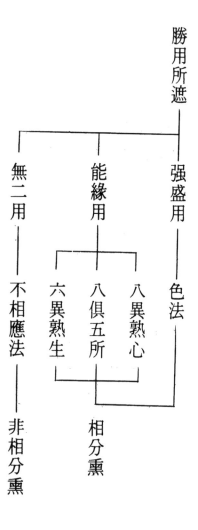

六識異熟生眩攝甚寬；一攝非業感之分別起，二攝苦樂受違順捨受之勝業所引，三攝中容捨受之劣業所引。非業感而起之威儀工巧，及非業感之異熟心緣變影像，一切能熏。但遮勝劣業感之三無記心及其所帶相分，一切不能熏，是元測義。

護法門人二釋；初釋以非業感之緣變影像不熏，（基引或此法爾皆非能熏，以無用故；測引業感定不能熏，唯法爾起必用業助。）後釋以勝業所引能熏，劣業所引不熏。三藏意取後釋，基但敘而不斷。然不勝劣業，則似不取後釋。測則皆破。初釋本質非影熏成，則轉識不應與賴耶為因緣性。二釋俱引俱滿俱是異熟，勝劣俱等，俱不能熏，論無文證獨等於劣。

自證熏種即有勢力後皆為業感異熟果。相分熏種但能生自類心，不能作善惡等，唯八識自證能受熏，亦唯七識自證能施熏。自證帶相見，即說相見分熏。其實見分但是用，用不能熏（見分雖具四義，然依生故，無別種故，非自體故，故不能熏。）自證方是體，體乃能熏。見緣相時，相分為自證所帶故，相分亦能熏。

欲界所知障分作十品十地分斷，乃至有頂亦作十品十斷，是爲九個十品十個地斷之。每地斷，九個中之一品，有頂障初地亦斷，欲界障十地亦斷，地地通三界，故地地有九品。此總三界分九個十品，不得約九地分八十一品也。

		初地	二地	三地	四地	五地	六地	七地	八地	九地	十地
上上	欲	品									
上中	初禪		品								
上下	二禪			品							
中上	三禪				品						
中中	四禪					品					
中下	空無邊						品				
下上	識無邊							品			
下中	無所有								品		
下下	有頂									品	
											(金剛定)

依上表菩薩生上界還起欲界現行惑，依下表，二乘生色界必伏盡欲界染。

下斷上　初果斷三界見惑，　欲界無學斷上界修惑。
上斷下　不還得無學時却斷下界七識惑。
下斷下　一來斷欲惑得二果，　不還斷欲惑得三果。
上斷上　不還斷無色六識惑。

如是能熏與所熏識俱生俱滅熏習義成，令所熏中種子生長，如熏巨勝故名熏習。能熏識等從種生時，即能爲因復熏成種，三法展轉因果同時，如炷生燄，燄生燋炷；亦如蘆束更互相依，因果俱時理不傾動。能熏生種種起現行。如俱有因得士用果。種子前後自類相生，如同類因引等流果。此二於果是因緣性，除此餘法皆非因緣；設名因緣應知假說：是謂略說一切種相。

展轉三義法喻

相依二義法喻

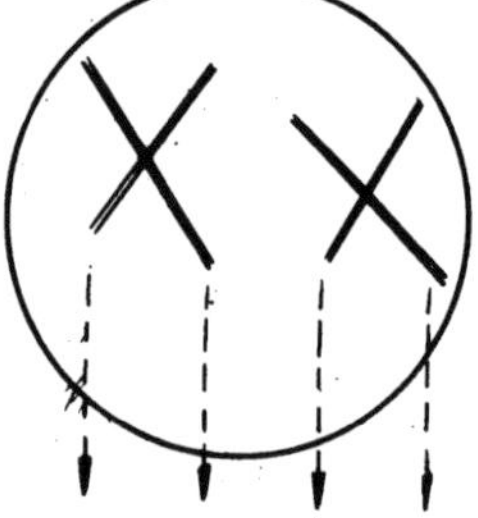

種起現，現熏新，同時依倚；取蘆束外喻不足，又取內喻，說此如小乘相應俱有因得無間士用果。自類種望種他時啣接。亦取內喻，說此如小乘前念同類因引後念等流果。

唯識講義

歐陽竟無先生演講
聶耦庚筆記　呂澂校訂

三、八識八段十義筆記卷一

講義第一卷第六七頁第四行「一眞法界至不可言說」句

一眞法界即圓成實。圓成實云者，以簡爲言也。圓簡自相；自相出體，局而狹隘，便非是圓，成簡生滅；生滅雖徧，是刹那性，便非是成。實簡我與空；我空雖謂是圓滿周徧然係虛妄不可證會，便非是實。簡之爲言有所遮也，簡自相生滅，及我與空即遮有爲法及與頑空之非圓成實，而顯無爲眞如之爲圓成實也。

圓成實非意言境，言說以口表，口止能表世俗道理，而未可以表圓成實。若強表之，乃似騎牛又覓牛耳。然亦可以意表者，意表思想，此圓成實超過尋思所行之境，云何可以意表？

講義第六七頁第四行「方便善巧至有說依他」三句

非究竟之爲方便，無過失之爲善巧，佛法之妙即在以方便顯究竟，空宗破除遍計，一切俱非。意識周遍計度執染淨諸法，不如其分，遂成大病，故必遮之，依於所邊因緣，能邊慮，以他爲自，起一切法，此即依他起性。以其動作生滅，屬於用邊，雖與不動無作之體，非是一法，然亦不離，故能藉此而顯彼也。

講義第六七頁第五行「更欲置談捨顯就密」句

佛法以二相顯：一者理相，二者事相，空有二宗詳於理而略於事，密宗詳於事而略於理，其致一世，密宗之事相爲曼荼囉，（舊譯爲壇）建立金剛胎藏二界，金剛界五相成身，（此謂觀想。通達菩提心，修菩提心，成金剛心，證金剛身，佛身圓滿，是爲五也。）是爲漸義；胎藏界即身成佛，是爲頓義。

講義第六七頁第五行『若究二宗、應探經論』句

學佛何所依？曰依經論。佛法四端，教、理、行、證。教理詮境，證即證果。因境起行，因行證果，事得究竟，以果爲喩。境之不詳，行果其

何從起？故學者當先境而後行果，境既概教理而言、教理當求之於經論，故學佛當以經論爲依。

　教理攝入三量。三量者，曰現量、曰比量、曰聖言量、世俗現量不可恃，須依據聖言以比知之，所云教理，教即聖言量，理即比量。聖言量乃自聞者方面而命名，若自說者方面言之則仍本眞現量，如實而談也，蓋大聖證眞，自既悟矣，更須悟他，於是起後得智分別一切事，爲證眞以後之模仿，復用言說模倣此一切事。此一切事即皆本現量親證者，假言說以悟他，故信聖言量，即可方便善巧而得現量。明乎此則教誡不可忽也。又比量必有一分現量爲根據，據此一分已證、推知其餘未證、即是依理而得證，故理亦不可忽也。若夫現量具顯現。現在、現成。三義，此本當下即是，非可尋求，非可造作。凡夫所以不能得此者，以其五識一念率爾未可以久，八識微細難知，七識無明所蔽，六識攙雜刹那五心，皆不足恃也。或五識與五識與五俱意有世俗現量，世間眞實依之以立，然駁而不純，亦未足爲切實之依據，故須借重教理，而經論在所必探矣（以上十一年十月二

十三日第一次講）

世尊滅後，諍論繁興。其在西土大乘，則空有二宗立說互異。有宗之中，又有護法、安惠、學分今古，師承各殊，留待後述。至我中土各家，多以判教立異。或主一教，或二或三，乃至主六。或應法感機，融通可取；或迷執成見，錮蔽非常，而賢首天台兩家更因判教貽誤學人，有待糾正。茲先就各家所判，列作一表，再附及賢首天台之得失焉。

㈠主張一教者
- 一　姚秦鳩摩羅什（成實宗空宗）
- 二　後魏菩提流支（地論宗有宗）

　　──一音教

- 一　齊劉虬（近空宗）
  - 初頓……華嚴
  - 後漸……人天（提謂）
    - 聲聞（四諦）
    - 般若（空）法
    - 華（破三皈）

涅槃（佛性）

(二) 主張二教者

- 二 隋誕法師（近空宗）
  - 直往……大不由小起
  - 漸悟……先小後迴大
- 三 宋曇牟讖（涅槃空）
  - 隋慧遠（空宗）
  - 半……初說
  - 滿……後說
- 四 唐印法師（近空宗）
  - 屈曲教……破著（涅槃）
  - 平道教……法性（華嚴）

(三) 主張三教者

- 一 後魏統法師（近空宗）
  - 頓……具說常與無常
  - 漸……先常後無常
  - 圓……無礙自在
- 二 陳眞諦（有宗）
  - 轉……四諦
  - 照……般若
  - 持……瑜伽
  - 本金光明經
  - 四諦……

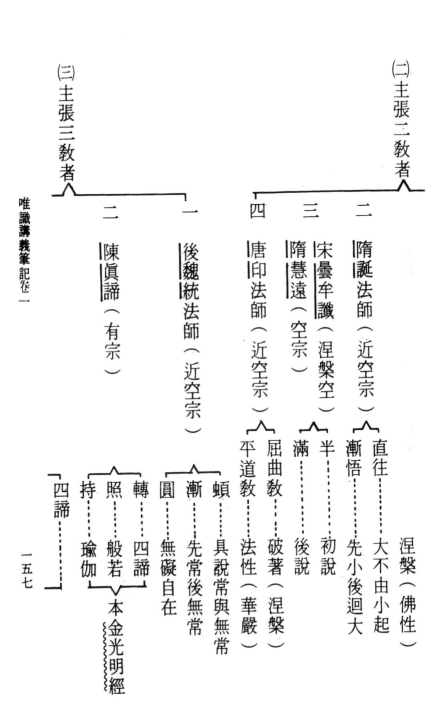

三　唐玄奘（有宗）

四　隋吉藏（空宗）

一　齊大衍法師（近空宗）

二　梁光宅（近空宗）

空……本解深密經

非空非有……三時說教

本……華嚴

末……四諦

攝末歸本……涅槃

薩婆多……因緣

經部……假名

般若……不眞宗

法眄……眞宗

法華三車……權

四衢大車……實

四諦……阿含

無相……般若

㈣主張四教者

- 三 隋笈多（有宗）
  - 法相……楞伽
  - 觀行……華嚴
- 四 唐元曉（近有宗）
  - 三乘別……四諦緣起
  - 三乘通……般若深密
  - 一乘別……梵網
  - 一乘通……華嚴
- 五 隋智顗（近空宗）
  - 藏……因緣生滅（華嚴）
  - 通……因緣即空（般若）
  - 別……因緣假名（深密楞伽）
  - 圓……不思議因

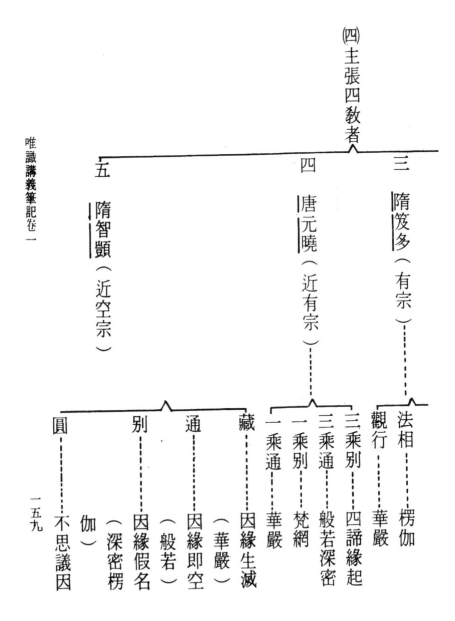

(五)主張五教者

- 一　齊護身法師（近空宗）
- 二　唐波頗（近有宗）

- 緣（不別化利根）
- 因緣、假名、不眞——同衍法師
- 眞——涅槃
- 法界——華嚴
- 四諦、般若——同笈多
- 三觀——華嚴
- 安樂——涅槃
- 守護——大集
- 小——阿含

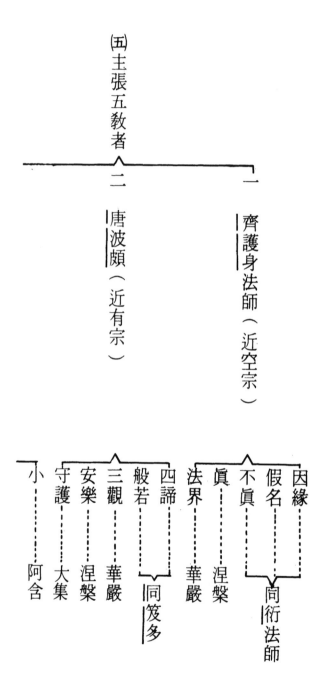

三　唐賢首（近有宗）

- 始——般若
- 終——楞伽
- 頓——華嚴
- 圓——華嚴

㈥主張六教者——隋耆闍崛多（近空宗）

- 因緣——同大衍
- 假名——同大衍
- 不眞——如幻
- 眞——眞空
- 常——功德（用）
- 圓——法界（總）

由上來表列可見判教者非止台賢二宗。時人不學奉二宗所判爲圭臬，詎知二宗之短，即在辨教不明、而餘家之說，尚有高出其上者、如誕法師，印法師，大衍師笈多（笈多三教外加觀行華嚴甚爲圓滿，實爲相宗之先河）。耆闍崛多，諸家，皆能圓通融會，非元曉智覬等之所能及，元曉學本起信論，不知緣起生滅，而主眞如緣起之說，根本已錯，故其三乘別通一乘別通之說，亦有可議，如謂一乘別爲梵網，梵網於衆經目錄入疑惑部，未足據也。今以菩薩戒本與梵網相較即見梵網之可疑，何得遽據以判教，又謂一乘通爲華嚴，然華嚴三學皆談非止說戒，如何與梵網並舉乎？至於智覬四教之判。束縛學者之思想，窒息佛法之生機，障碍實大，不容不破。夫判教本非至要之事，若因判教而錮蔽學者，更失傳法之本旨矣。今故不取各家所判，而取鳩摩羅什等之一音教。何以故？世尊三時說法，一雨普被乘則有三，教唯是一。聞者識上各變不同，托質圓音未嘗有異，瀛勃潢汙率視其量，是之謂乘則有三，有色、無色、有想、無想、及與俱非、我皆令人無餘涅槃而滅度之，是之謂教則唯一。是故四諦菩提體非歧異，一音判教最爲善巧。玄奘法師雖嘗本解深密經而判三世說教。竊揆其意蓋亦有爲而然，今即不從，吾人論學，當不役役於古人，取一音教實可開放人之思想也。若智覬四教、賢首五教，其實無大殊異，今先表列之而後從慧苑華嚴刋定記別破其失。

賢首	天台	
小	藏	因緣生滅（正小傍大）
始	通	因緣即空（正大傍小）
終	別	因緣假名（化大不涉小）
頓、圓	圓	不思議因緣（利根不別化）

所謂藏教者，本大智度論佛對迦延尼子而言：「三藏如是而說，非謂一切。」然若執此而立藏教，則有五失：

一他語自認失　小乘本自宗語，三藏係他宗語，不可隨順而說。

二濫涉大乘失　三藏是自他宗大小通有。

三大無三藏失　若判藏教爲小乘，則大乘無三藏。

四特違至教失　法華云不得親近小乘三藏學者，闍王經入大乘論皆不許小立三藏。

五不定失　薩婆多立經律論三藏，經量部減一止經律二藏，大衆部加雜爲四藏，犢子部加咒爲四藏，成實宗加雜、菩薩爲五藏。若判三藏爲教，是止承認有薩婆多，而棄置各部矣。

又若謂藏教爲正被小，然則直往大乘豈無之歟，若謂直往大乘爲傍被，然則以何因緣而不可以正被耶？

所謂通教因緣即空，正大傍小者，今以三問破之：

一、小亦說聲聞辟支菩薩同秉小教，亦應名通耶？

二、因緣即空，是爲般若，此般若爲聞生空耶，則與大異，是通教不被大矣，何云正被大耶？

三、若此般若是聞二空，則與小異，是通教不被小矣，何云傍被小耶？

所謂別教因緣假名，化大不涉小者，其主旨在的化菩薩；然佛轉法輪一切解脫，聞者識上故有偏局，圓音則一，機感不同，又豈可直斷其爲化大不涉小耶？

所謂華嚴是圓教，應並爲小乘說，然何以解於華嚴座上二乘如聾如啞耶，故有矛盾之病。上來雖就天台四教立說，賢首五教之失相例可知（以上十月二十五日第二次講）

雖然天台賢首二家亦非無可取之處。此則天台有四事，曰四悉檀，曰六即，曰三觀、曰三止；賢首有三事，曰六相、曰十玄門，曰四法界；皆甚精微之談也。

天台

四　悉檀　本涅槃經立，悉者徧也，檀者施也，周徧法施之謂。

一、世界（隨順世間道理建立一切不犯世間相違過。）

二、爲人（對機說法）

三、對治（因染說淨）

四、第一義（淨法圓滿）

六　即　即者即佛也。

一、理（自性涅槃）
二、名字 ｝境
三、觀行
四、相似 ｝行
五、分證
六、究竟 ｝果

三　觀　即空、假、中、三觀。先是北齊惠文，依智度論、中觀論悟此妙理，以授南嶽惠思傳之智顗，故推其本源即龍樹所謂『因緣所生法，我即說是空亦名爲假名，亦名中道義』也，龍樹之空，雖空非斷，宛然而有，雖有非常，無有自性，雖被徧計，不遣依他，依他如幻，不可說實，故因緣生法即是空，亦即假名，亦即中道。天台本此以立三觀。

三　止　止觀相並爲用，觀有三，止亦有三：

一、空——體眞止
二、假——方便隨緣止
三、中——息兩邊分別止

以上四事，是天台宗最精微處，欲究其詳，可讀三種著述。一、大乘止觀

法門（南嶽著）二、摩訶止觀（智顗著）三、天台傳佛心印記。（元懷則述）

賢首

六相　本世親十地經論以立。

一、總　共相　二、別　自相（共中別開）　三、同　一性

四、異　非一性即同之逆觀　五、成　周徧　六、壞　本位住

十玄門　六相中別開

四法界　以法界爲緣起，說十玄六相之妙義，示法界差別事。其事事無礙須以唯識種子交遍之義講之。

一、理　二、事　三、事理無礙　四、事事無礙

以上三事，是賢首宗精微處。二家所短，固不宜從，二家所長，則亦未可抹殺，尋二家之遠源乃在空有兩宗，如直從兩宗下手研究又知二家立說精要之處固甚少也。上來傍敘各家判教之異說已竟，自下正敘經論，先

空宗而後相宗。

講義第六七頁空宗經論表

中土空宗之開祖爲鳩摩羅什。什師學本龍樹龍樹則西域空宗之大成者也。（西域空宗思想頗有淵源大衆部之處由大衆而上座之經部，由經部而成實，由成實而般若皆有關涉。）什師譯龍樹三論，（中觀論、十二門論、大智度論）及提婆之百論，發明眞空義蘊，空宗遂弘播於中土，當什師未入關以前，晋人多尚玄談，沙門居士極思想之自由，探法海之妙要，似爲空宗之濫觴，惟於空宗眞諦則多未明也。蓋空宗所謂本性空者，就因緣所生法而言也。緣生本無自性，無自性即是空。此遮緣生之用，即所以表本性之空，故空宗正義係以遮作表也。晋人玄談即未明此理，故吉藏中論疏入不十門義同異門中即列舉諸家學說批評無遺，今概爲一表如次：

學者	學說	批評

道安	本無義，謂無在萬物前、宅心無萬事息，此就心說。	空之義非無之義也，本性即空，何分前後，且既空矣。又何無字之可談
琛法師	本無義，大同道安但此就色說。	比較道安所見更淺。
關內大朗	即色是空。	即色是空誠然，但猶未知本性空及空空也。
支道林	即色遊玄論。	不壞假名，而說實相，甚可貴也，然亦太著色空之迹。
溫法師	心無義，但破執，空心不空外物。	心何以空，外物何以不空，未作究竟之談。
于法師	識含義，心識夢主，三界長夜，夢覺，三界無生。	如此所談，則無世俗諦。

壹法師	無世諦義，法世如幻本來無有。	執無世諦，蹈惡取空。
于道邃	二諦義，緣會故有，緣散則無	示如因果關係。
齊周顒（隱士）	三空論，一不空假名論，二空論，三假名空論。	一者但空實性不空名，二者析緣則無，緣爲假名所依故。此二均非澈底之談，唯第三假名宛然即空。頗與空宗相合。

空宗經中般若十六會，一會二會最爲重要，茲略論之。一會，　四百卷；八十五品。大義攝境行果三歸六度，攝六度歸一般若，以明一切法如幻而境行果三復各有所攝，如左表：

境	行	果
蘊	菩提分	三身
處	四靜慮	四智
界	四無色定	十力
緣生	八解脫	四無畏
	八勝處	四無道
	九次第定	六通
	十徧處	十八不共
		三十二相
		八十隨好

此中精微處全在涅槃如幻一段，其言曰：「設更有法勝涅槃者，我亦說爲如夢如幻。何以故？幻化夢事與一切法乃至涅槃皆悉無二故」。略示其意，學者須詳。

二會．　即大般若經，亦名大品經，共四十卷；龍樹作智度論釋之。前半說法性，後半說功德，皆就如幻義以顯，十六會中此爲最勝。且廣略適中也。

論中中論說自義，以遮爲表，百論破外小。十二門論扼要以談，亦表亦遮。大智度論釋大品經。又前三論爲宗經論，後一論爲釋經論。

清辨諸論說空雖覺偏頗，然但就遍計以言，眞如生滅在眞諦門平等是空。正所謂空前法相一毫不可有者。故治空宗，反宜從清辨之空下手。

講義第究頁相宗經論表

相宗在中土首先宏傳者爲菩提流支及眞諦三藏，更溯遠源，則皆本自世親，無著授世親二論，俾之作釋，一曰十地經論，二曰攝大乘論。菩提流支弘十地經，乃有地論宗，眞諦三藏弘攝大乘，乃有攝論宗，二家主張多從印度南方學派安惠之說，（安惠與護法同時，學從古說，故唯識述記稱之爲古師安惠。護法爲北方學派，學多新創）。是爲中土之古學派。（玄奘學宗護法，爲今學派或又可以新舊二派分之）。

安惠之學駁而不純。古學派宗之，率多謬解，今試就流支眞諦，二家學說之誤點稍詳辨之。

菩提流支之學說其要有三：（一）三空（二）八識即如（三）梨耶中求解脫。三空者，所謂人法我空、因緣法體空、眞如佛性空是也。然因緣法體者，依他起也。識之所變也。依他是用，烏乎能空？所變有相，又烏能空？三界心心所虛妄分別所生，有見、有相、見爲能緣，相爲所緣，見相二分依自證起，皆是依他，有大功能，云何可空？故因緣法體空云者，猶不解依他之用也。又即於此可見其學來自安惠，安惠固說見相二分是無唯自證有也，八識即如者，唯有八識之自證分爲能變，此能變識是眞是實，故即是如。此說大似起信論以眞如爲緣起，八識依之而生三細六麤者，然八識唯是相體而非眞體，相體有而不實，（有者有種子，不實者種子是用義，唯幻相耳。）豈可比於眞體之有耶？梨耶中求解脫者，此蓋誤以梨耶爲末那也，解脫當於末那中求，以末那執我是染汙故，執破染去方得解脫也。今誤梨耶爲末那者，以八識有二義，一者謂藏則曰梨耶，二者謂執則曰阿陀那，末那之執，本爲執我，是染著義，阿陀那之執，則爲執持是不失義，執言是同，遂誤以末那染著之執，混同阿陀那不失之執也（以上十月二十七日第三次講。）

至於眞諦所譯之書，偏重唯識，後來奘師多加重翻。以兩本相較。則舊譯泥守古說異義紛然，謬誤之處又不勝擧。故中土唯識學派嫡傳不能不推奘師。蓋由釋迦而彌勒、而無著、而世親、而護法、而玄鑒、而玄奘、而窺基、唯識學統乃一脈相承也，玆將相宗經論新舊二譯名稱之不同及義解之歧異處表列出之。

一　新舊兩譯名目同異表

新譯	舊譯	附說
解深密經	解節經	舊譯止前三品。並作記曰眞諦記。
瑜伽師地論	決定藏論	舊譯止決擇分五識身相應地意地三卷（五十一、五十二、五十三）重在一八識，於此可窺眞諦，舊譯偏於唯識方面。
唯識二十論	大乘唯識論	此詳所變，即所以成立唯識之理。
辯中邊論	中邊分別論	
攝大乘論世親釋十卷	同上十五卷	
顯揚論成無性品	三無性論	對般若而言。
觀所緣緣論	無相思塵論	同二十唯識，但講相分實有。
異部宗輪論	部執異論	說小乘派別義
	轉識論	其原本不可考，但眞諦異義多在二種內。
	顯識論	
	起信論	此二種與眞諦學問頗有關係不可不閱。
	玄文本識	

二　新舊兩譯異義表

	境				
法	八	識	二	無	我
相	心外有所	心心所同一	心心所緣起之本	心心所之相分	識數
新譯義	唯大獨立	唯所緣同	八識皆有	八皆四分	淨屬第八
批	大小皆同	亦同行相	唯限第八	轉但能緣	庵摩另九
評	經部無心所，故唯大獨立，若大小皆同，使違經部。	舊據薩婆多、實爲不正義。	舊據起信論、以眞如爲緣起，唯第八識。由第八生三細六粗、而不悟八個識作用各異，皆是緣起之本。	唯識三能變兼轉識說。舊止認心識能變。故唯八有相分，轉但能緣，此義不可通。	淨屬第八、本是能過若以第九爲眞如，則是將能作所，理何可通？

五法三自性						生死起續
三性	三無性	相名分別	正智	眞如	眞如正智	十二支
依圓皆有	唯遮偏計	是依非計	唯屬依他	界處攝盡	無爲有爲	二世一重
依計皆空	通遮依他	分別體空	亦通依圓	不屬略處	能所統一	三世兩重
依他是用，用不可無，云何可空？	無性者無所執性也，依他不是所執，云何可遮？	分別是識之自性，有種爲體，有現爲用相狀宛然未可空也。	正智唯是能緣而非所緣，智以抉擇爲用故，圓成若就眞如過言，則是所緣，云何可通於正智。	不屬界處則是三科攝法不盡、三性眞如從何而來。	眞如是體，正智是用故以無爲有爲別之，若能所統一，則體用不分，又何解於佛作功德耶？	舊譯本自俱舍，非大乘正義。

行	漏無漏種姓	法爾本有	因緣所生
	佛性	闡提無性	衆生悉有
	小入無餘之回否	永滅不回	還生回大
果	回大之久修	分段增壽	別生變易
	初果斷身見	唯斷分別	亦斷俱生
	定姓入滅之由路	唯由自小	亦由佛道

夫唯本有而後種姓堅定，始有資糧加行二位可言，若概因緣所生，如何能令立足安穩。

衆生悉有佛性，此就體邊言之耳。若就用邊言則有畢竟無障之佛，即應有畢竟有障之闡提。

就用邊言，定姓小乘永滅不回，還生回大之說，仍是衆生悉有佛性就體邊之言耳。

小乘不入色界化生，無十王大業故，所以不別生變易身，舊言別生，於理有違。

俱生身見要後位漸斷、非須陀恒所能。

唯由自小之義長，亦由佛道三義短。

上列二表，學者若一比較研究之，即可見舊譯之疏失，蓋眞諦（流支同）所得之學，爲空有過渡之學，破空而有，雖經十大論師，而安惠實爲之先河，安惠之學帶空色采，曾作中觀釋論。其於唯識。四分猶復未明，既許有識異於淸辯之一切皆空。而又不許有見相異於護法之一切皆有。惟其學說獨標識而言，故可謂爲過渡唯識學，至比於護法之破立精確，則遠不及矣，眞諦學承安惠，於新義略窺大旨而不能精，於舊義多所粘滯而不能捨，故所譯書又未能比論於奘師新譯之獨得護法學精髓者也。（以上十月三十日第四次講）

相宗經中楞伽經法相唯識二義賅備，實爲相宗經中之經，阿毗達磨經、爲三藏之根據，又阿毗達磨經蘊處界平等，所以詮境境爲行果所依，故阿毗達磨經又爲行果所依，然此經未經譯傳，實屬學者一大缺憾（所以知其爲論藏根據及爲詮境之經者，全是準深密瑜伽攝論法門相貌而比知此經一切法門相貌，又準集論宗要相貌而比知此經一切宗要相貌耳。）蓋論藏、境相、兩俱缺經。論藏缺經、如瞽無相，狂慧焉往，境相缺經，威力踔空，非凡足事，諸有志者當發大心，精研梵典，索諸西土，庶乎可補數千年之缺陷也，華嚴十地經中土雖有譯文，然入地行果，全豹未窺亦憾事也。幸解密經譯事周詳，倫記測疏，頗資鑽研，菩薩藏經即如來藏針對空宗，談唯識義，亦頗精審，至於佛地、勝鬘、無上依、三經講種姓義於斯獨詳，列爲附庸，可資探討。（基師之法華玄讚天台宗以五百問駁之，幸有此三經可以救玄讚而正天台之失。）

論中瑜伽師地論以五分明，一曰本地分，以三相攝十七地。三相者、境行果也，境攝九地，由五識及意，而至有心無心。行攝六地，三通三別。果攝二地，即有餘無餘之二通果。方便善巧恰如其分曰瑜伽，蓋相應之義也，能生成住持有類於地，故曰地論本地之地亦同一取譬。詳談法相，，五姓齊被，無一法不攝，是爲本地分。二曰決擇分，決擇本地中不盡要義，而發揮唯識道理，故於境則談八識，於行獨詳菩薩，於果則講無住涅槃。又決擇二經，以畀學者，一曰解深密經，二曰寶積經，斯二經者，唯識之開基，學者所必究。是爲抉擇分，三曰釋分，釋地中諸經解說儀則，學者詳參，而后得立論之方法也，四曰異門分，釋地中諸經名義別異所以明學派之不同也。五曰事分，釋地中三藏衆要事義，前之四分是彌勒今學，此之一分則刪繁以明古學。又此五分，初一是論故稱地論，後四爲釋，釋不名地，攝故名分，是爲瑜伽五分。顯揚論者、節本瑜伽也。瑜伽講理，顯揚明教；錯綜瑜伽地要，而以顯教爲宗、理簡義當，法相唯識二皆備有。莊嚴論者、括瑜伽菩薩一地法門，而以莊嚴大乘爲宗。獨詳大行，而首注重種姓發心。西域大小乘學悉以此論爲其根本，於此不通，未可弘法。又此與瑜伽菩薩地立說互有詳略，須相對讀之。辯中邊論者叙七品以成瑜伽法相，而以中道爲宗。七品詮表法相，簡惡取空，中道權衡，邊執屏斥，文不他及，義亦精嚴，境行果三，章次賅備。爲法相之要典，例攝論而堪宏。五蘊論者、略攝本地分中境事，而以無我唯法爲宗。以蘊攝識，識亦是蘊，諸法平等，識非尊特，故法相義不同唯識義也。雜集論者、括瑜伽師地論一切法門，集阿毗達磨經所有宗要，而以蘊處界三科爲宗。此論義廣而賅備，文約而義豐，古今之異軌，（瑜伽法門是今學，對法宗要是古學）。小大之通途，經論之雜糅，羣聖之會萃，無不兼而有之。法相妙典，博大簡明。推此第一。攝大乘論者、括瑜伽、深密法門，詮阿毗達磨攝大乘一品宗要，而以簡小入地爲宗，十支之中，此論最勝。百法五蘊略不及詳故；雜集法相博不及要故，分別瑜伽但釋止觀，六度三學此獨詳故，辨中邊論明中道義對惡取空，此明十地正詮所修故，二種唯識立破推廣，提挈綱領此最宜故，莊嚴詮大意在莊嚴，此論詮大意獨在入故，顯揚詮教意重聞思，此論詮入地意重修慧故，是爲最勝。誰有智者，捨此不學？百法明門論者、略錄本地分中名數，而以一切法無我爲宗。以識攝蘊，唯識獨尊。何以故，自性、相應、所緣、分位、及與清淨，五惟一識攝一切法，人法無我惟是識故。故屬唯識獨尊。二十唯識論者、釋七難以成瑜伽唯識，而以唯識無境爲宗。一釋四難境無識有，非有分色，非極微，非和合，非和集，識外俱非，成唯識義。二釋所證現量難。三釋不知難。四釋友教難，五釋夢無果報難，六釋意業無罪難。七釋他心智難。如是七釋成立唯識，妙義無邊，方隅略示。成唯識論者，廣詮瑜伽境體，而以識外無別實有爲宗。治此論者須分兩事：一正義事，即是唯識正義，二別破事，即是別破外道小乘。又以三分，成立此論。一唯識相，即依他起。異生迷謬，執離心外別有實境，妄計二取爲眞爲實，大悲除執，說唯是識，是故最初廣詮識相。二唯識性，即圓成實。雖知此心虛妄顯現，而未了達眞性是何，若未知眞，烏能別妄？是故次明唯識性，三唯識位，即十三住。入此唯識，斷妄證眞，非少修行可能圓滿，故次第三明唯識位。本講之八段十義、即是最初識相門中之第一能變識也。此外尚有分別瑜伽論者，以上觀爲宗義。（無分別一心爲止，有分別多心爲觀。）弘文未譯，故未列入表中。然讀深密經中分別瑜伽品，亦可得窺其大旨，上來所叙即是相宗一本十支，（瑜伽曰本，餘論即支。）是爲相宗十一論，略明宗要，以示讀者。（此一段文多引用瑜伽師地論叙十支第四中語）。

講義第七二頁成唯識論大旨表

成唯識論大旨有三師判，第一師最爲可取，今表據之。

成唯識重在成字。謂以相性位三分成立之也。又理成教，教成理，俱可通。

唯識在解明能變，即就見相分而言。見是分別，相是所列，二皆有生滅之用名之爲分，所以簡於常一之體也。又所謂見分者、非視見，乃見解，乃虛空玲瓏之用，凡與事相交涉者見也。見託相起，相由見生。此就能所別之爲二，其實則一識而已矣。（以上十一月一日第五次講）

講唯識者有二事最當辨別清楚。其一，境識不同雖亦理許，但執有外境妄分畛域，則不當理。其二。雖說唯識，然不可即謂無境；無境對執外而言，非並遮識內之境，但說境識爲條然兩物又不合。境是相分，在在不能離見。此不離義是唯識立足之點，自玄奘法師眞唯識量始特別提出之。

一本十支中別破外小之事此論獨詳，是故外小未悉，此論難通。外道九十六，大者十三，數論、勝論、聲論、明論、離繫邪命、順世梵天、諸如是等，或譯專籍，或載賸文，小乘有部系統，由舊薩婆多而俱舍而正理（舊薩婆多宗發智論。發智語焉未詳，則有六足論補充之，又有毗婆沙論解釋之。世親菩薩本有部出家，而不愜於有部舊義，乃明經部，製俱舍論。破薩婆多，衆賢論師復作順正理論，以破俱舍，是爲新薩婆多。安惠菩薩，復雜糅對法，破正理論，以救俱舍。此中遞嬗，關係至鉅，未可忽視之也。）其籍譯傳中土較爲完備，餘部若正量、大衆一說、，化地等立義僅散見他處，讀者當一一披尋也。

唯識相明依他起，即依業種與識種而起一切法也。業種謂前七識能所取，性有善惡。但一緣著即成熏成種；是爲第一重取，識種謂第八識了別二取，更模倣之，有名言種，是爲第二重取，前七熏種，要依第八而後能再發生勢用，故第八爲前七之依持因，又前七種熏入第八，即無間等流，猶似餘音繞梁不絕，故第八復爲前七之因緣因也。依他法皆以種爲緣，種之與緣不過所對有流動實在之不同耳種子謂勢用，但有勢用一切即可以發生，故學佛自熏習種姓始，言熏習則惟聖言量是賴矣。

大論五識身相應地以自性，所依、所緣、助伴、作業、五門解釋，蓋法不孤起，必有如是種種因緣也。八識八段中亦有此義。

相應中觸等五就種子而言，發爲現行則五俱時而起。以上十一月三日第六次講。

唯識講義

歐陽竟無先生演講
呂澂筆記

八識八段十義筆記卷二

●講義第一卷第七六頁第十一行『必有其名相乃繫屬』句旁論五法。五法之立，依據楞伽爲大乘各宗所共許。初「相」。說唯心若唯物，均不免有諍論，說相則無諍，相之範圍極廣，舊譯三自性爲三自相。蓋就法相言，一切法皆相也，依圓有相法固爲相，遍計無相法亦相也。惟就五法言相，則祇屬於依他。次「名」。推演爲用；其先有名。名者，一切言說思想山河大地之模倣名言也。熏入第八識，乃成名言種子，爲一切法緣起之本。但此亦屬依他。三「分別」。此爲緣相之能。雖言斷滅，似同無法，然既有斷滅相，即得成所緣而起分別。乃至一切心心所蘊界處外等六善巧，莫不有其分別。故分別爲依他立足之處，而用之根本也。四「正智」。智即別境心所中慧，今不言慧者，慧通有漏，智則無漏也。世俗慧不能無礙自在，隨順流轉，故爲有漏；正智隨順還滅，無分別執。故是無漏。此云無分別，非頑如木石之謂，但無妄執而已。五「眞如」。此名是遮非表。眞以遮外道計我之虛幻無實，如以遮生滅變異，自來學者多不能辨出智眞如，混爲一談；實則正智就用邊能緣而言，眞如就體邊所緣而言，其別固易知也，惟三自性中圓成實性係凌空形容之詞體用俱通不限眞如一法，與此所談有別。

●講義第七六頁第十一行『對常稱變』句

變是靜詞，不可作動詞解。此變非是奇，但識之異名故。變又非不由正軌，有因果可尋故。變又非聖者達變之事，一切有情平等具有故。

●講義第七七頁第一行『能之爲法至以是有故』三句

見分分別爲能。此雖如幻能執，然任運有，不可爲過。如目短視，見物或差，其見固有。

●講義第七七頁第九至十行『能變之因至因曰等流』三句

因者是依，後念依於前念，流類相似，名爲等流。等非是即，即乃全屬一物，不可別前後也。

●講義第七七頁第十至十一行「因則由流至發動而將趣」四句

種子發動而將趣是爲因，現行已成是爲果。以上十一月六日第七次講。

●講義第七八頁第二行論文「識所變相雖無量種」句

攝論第一、舉五類相。「共不共相。共謂無受生器界，不共謂有受生根身。對治起時，不共相改，共相因爲他業力所持，不相隨而俱變。故一有情成佛，而他有情見此土穢，與前無異。此如室內衆燈，光光交網，去其一燈，光猶遍室也，或疑器界觸礙，如何有情各變，如光相涉。不知色法以緣顯種種相，無實物質，同處各變固可無礙。二粗重輕安相。粗重謂煩惱種子，輕安謂有漏善種子。三有受盡無受盡相。業種感果，一期生死，具有定限，故爲受盡。識種二取模倣，起現不窮，必至金剛道後一切有漏始刹那斷，故爲無受盡。四譬喻相。第八識無可形容，無可揣度，故以夢幻泡影等九喻顯之。五具足不具足相。具足謂具縛凡夫，不具足謂世間離欲者、有學、及三乘果。

述記云相分相狀者，奘師始分體相相狀爲二，基師本之，但說相狀爲相分。然正智起時，以眞如體相爲所緣，即體相亦屬相分；如是乃不違四分成立唯識之義。

●講義第七八頁第四行「述記多異至是故言多」三句

述記凡五番釋多異熟性，初番三位賅初中二位。（多異熟至不足），初我愛執藏位，特重現行，次善惡業果位謂至金剛心或解脫道時者，一家解金剛心頓斷二障種及異熟識，又一家解解脫道時始斷異熟識。但前解是此位就種子說。三相續執持位，即就執持說。云異熟名通初位者現由種生故。

述記次番解，除佛凡因處位（又但說至者得）。三番，五位之四位。（又爲至餘名）。四番、十三住之十二住位。（又十至二故）。五番、七地之六地位。（又七至要說）。

●講義第七八頁第四行「若樞要演秘」以下四句判識，爲表如次：

非業感善惡性（又雜染）法｛
第七識——多非異熟
前六識——非多非異熟

業感無記性法……｛
前六識——異熟非多
第八識——亦多亦異熟

第八識無記與第七識不同者，以其爲無覆而明白了別也。第七識雜染與善惡不同者，雜染如白染黑，其性夾雜，善惡則純粹且凝結也。

●講義第七八頁第十三行「意有二義」句

意有二種，合攝論第一雜集第二兩文觀之易明。

攝論文云『此中意有二種：第一與作等無間緣所依止性無間滅識、（即小乘義過去六識假名爲意）能與意識作生依止。第二染汙意，與四煩惱恒共相應，……此即是識雜染所依。識復由彼第一依生，第二雜染。』

雜集文云，『無間滅意者，由隨覺故，無間覺義是意義，當知此中隨顯相說。』基師述記卷十云，『唯識第五破小意。過去非意，過去自性非思量故，（徧計所執，但有言說。）曾於現在但名識故，似他思量、無所似故。覺謂第七思量名覺。過去從此故云隨覺。此無間所依之識似於覺故名意，唯識無間意者，隨顯相說，行相易了故。』

●講義第七九頁第六行『以緣多故至意識根依也』二句。第七執第八見分爲我，八見恒起，故曰緣多。佛位無染汙意，乃以淨意（出世末那）爲第六識根依。

述記佛此亦緣外境相者，佛位第七能緣五六所緣境故。

●講義第八十頁第五行『非所熏故』以下

前七識但是能熏。又心意識三名諸識皆具，今但就勝互顯。

●講義第八十頁第八行論文『及言顯六合爲一種』句

及有相違及，合集及，今文是合集，非相違也。以上十一月八日第八

次講

●講義第八十頁第十行『一解因義』以下旁論因果公例

因果公例有三：一能生種子是因，所生現行是果。二生他爲因，從他

生爲果。三對後果而言爲因，對前因而言爲果。

第一種子三類：八種識王所爲名言，七識王所別開我執，此二俱屬識種，性是無記，十二有支種爲業種，性通善惡。業種與識種相湊合乃起現行果。

第二，種現相生，可有四種因果關係。

一　種生種、識種生識種，業種生業種，自類相生，是等流果，生者結果已生之對相也。

二　種生現、因業擊動識種，識種與業種皆有可趣之勢。趣而必合，是名爲現、見附圖。

三　現生現、此前現生後現。由現熏種，由種起現，如是合前後而言爲現生現。

四　現生種、此前現生後種。

（附圖）

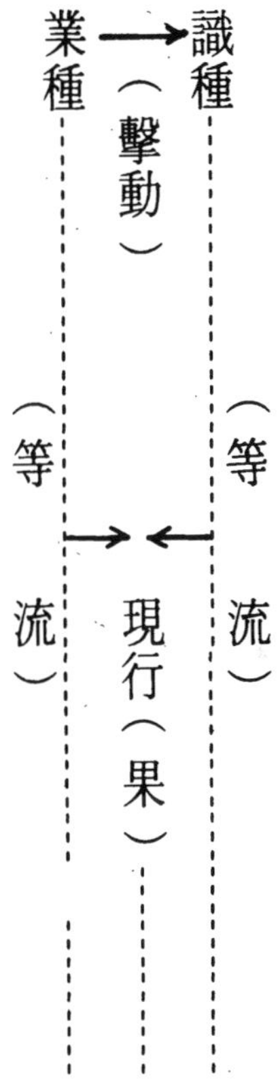

第三，前後相望為因果如圖

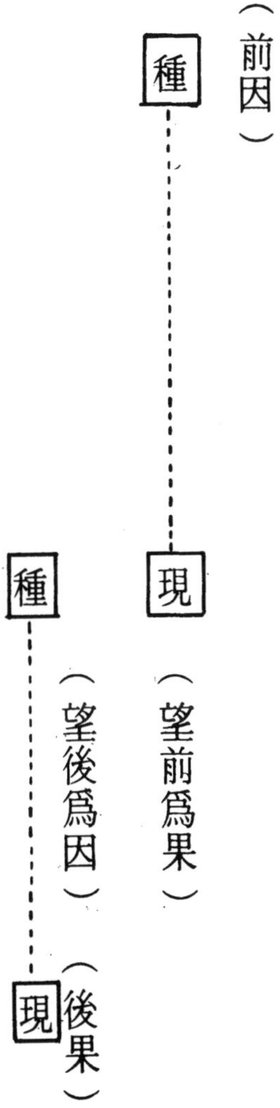

●講義第八十頁第十行『二解因變義』句

不守故常而有能力，是爲能變。因能變者，因有能趣果之勢也。述記解變爲轉變。轉是起義，轉變即是緣起，至於變現而後則緣生矣。各家解因果能變頗有出入，今爲折衷之說曰：等流異熟習氣發動而將趣是爲因能變，種既與現湊合乃屬於果。述記解果能變爲有緣法，緣即是業，此指異熟果言。又解爲心心所，此即現行，不說種子。次更以圖明二能變。

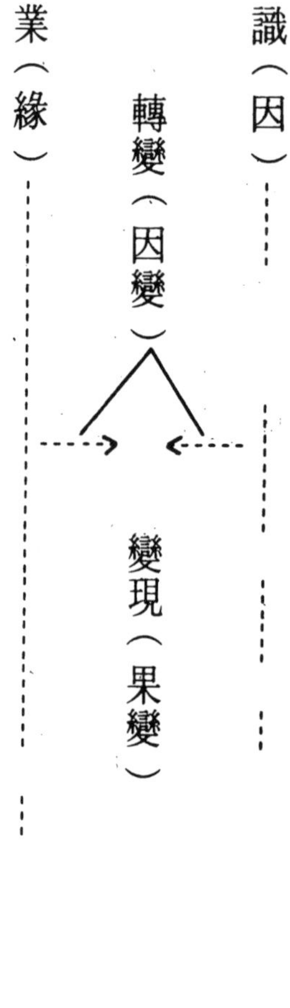

●講義第八十頁第十一行『四解四因果舉二』句

四因者，一等流，因果相似，平等而流，二士用，謂爲疏緣之助緣。

唯釋釋此，謂諸作者（指人及法親助）

假諸作具（疏助）所辦事業。（指果）瑜伽釋此，唯除種子，（親名言種）所餘諸緣皆名攝受；如眼識生，以眼根爲士用依，以等無間緣及所緣緣爲作用依，根稍親故。三異熟，因劣而果強。四增上，因強而果劣。又親緣爲等流；等流可賅士用，士用則不能賅等流。

因就自性言種，果就能變言現。

●講義第八十頁第十二行「五解能變所生」以下

種生種非即此剎那，種生現即此一剎那。

●講義第八一頁第八行「燈說……五七不能現彼種相……」句五色率爾，七識緣內，故不能現彼種相。

●講義第八一頁第九行「說現可趨果屬果所攝」二句

現行施熏，果則受熏，現行熏果，即有趨果之義。如圖。

施熏（現）

→（趨果）

受熏（果）

以上十一月十日第九次講

●講義第八三頁第十三行論文「二果能變至現種種相」二句

同類等流果如名言種生自種，又如一念中同類相感兩現湊合，皆是。此有自類生自類者，如下品生下品。又有同類生同類者。如中下品生下品。

異類異熟果爲名言種有支種之集現。（即果能變圖見前）。見相二分有所緣，故謂之現。此是一剎那事。至第二剎那爲種。是名現生種。再後又生現而變見相，是名現生現。

果能變有二義：（一）種生現，因種感緣種集名生現。（二）現變見相，因種緣種集時發生相見。

●講義第八四頁圖表

初有支感第八名言種。乃感之謂引。第八種生現。引次有支（別業。又即弱業）果，乃酬之謂引。

發起之謂因，充足之謂果。凡造因時用力最强不名無記。及至果位用力甚弱故名無記。事功圓滿，力可稍息，故果位時弱。

第八識對前言爲總果，對後言爲一切種。前七別業熏入八內，別即成總。

●講義第八四頁第十三行「異熟異熟生六義」以下

第八識　遍而無間，爲眞異熟。

前六識　有間不遍，爲異熟生。

餘法㊂無記◯善　惡有間不遍，不名異熟異熟生。以上十一月十三日

第十次講

●講義第八七頁第二行「用未發現喻名種子」句

八識之妙，在立種子，此係取譬得名，又有循環之義。種子發現而爲現行，種子爲因，現行屬果。然現行非即果，必現行爲第八攝持乃爲果，有如强業引滿生現爲弱業，復熏第八，第八受之而後成果，故果與現不同也。對前爲果，對後爲種爲因，此即種子循環之義，又即六義中之恒隨轉。

種子或謂之緣。緣是緣慮、緣藉，乃就發生次第條理而言。又種子法體爲用。淺詞釋之。用即是動。此動亘古亘今，非一刹那動又一刹那不動。恒動而又說刹那生滅者，熏習與法俱生俱滅而有能生因性無間傳來而生

後果，故不妨生滅而恒續也（所謂生滅，非生即滅，但前滅後生，二者同時而已。）至於能生因性以性爲言，非有實物。後來起果，因流溯源，知必有所從來，故說種子無間傳來，曾無中斷。小乘化地部說有法能自相續不立種子，此與生滅之說相背，理不可通。

●講義第八七頁第二行小註

昔人講性皆講錯。以性非體而是用是種也。但說生之謂性亦有未合，因不知無漏種，攝義不盡也。程朱以體爲性，誤認爲有條理之一物，而不知屬諸事。今以理證儒家之所謂性（一）是用，（二）是有漏種子。

又儒家誤認性作實物，而欲得之以爲切實依據，不知性但一不舍晝夜之用而已。

體用不相離。然說用不離體則可，說體不離用則不可。體但可說遍於一切。

●講義第八七頁第六行『種生現行現又熏種』句以下

前七識現行必依第八，即念念熏第八，第八持之變弱業爲强業而爲果。故前七能熏，第八所熏；前七所持，第八能持。第八性是無記。前七熏入皆成無記，能熏與所俱生俱滅，但其性存能生後法，第八持種，祇持此性，故同第八爲無記也。

前七能熏非即種子，必爲第八攝持而後爲種，蓋種合能所持以言也。其義如圖。

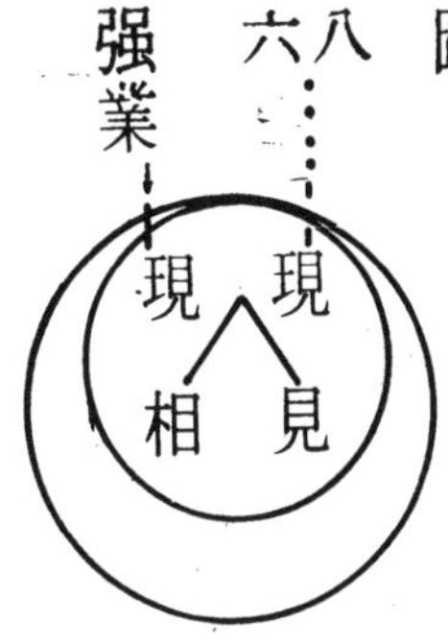

（外圓）第八持種爲果；能持由强業起，所持亦成强業。

（內圓）見相爲强業所引之前七弱業；望前爲果，望後爲種。

（以下因講無漏種論及聖言量）

爲學非彌補，必見到幾分乃說得幾分，故初學宜信聖言量。聖言量非教條，非使人盲從不敢稍動。聖對凡而名，即無漏爲聖；無漏之言爲聖言。必無漏之言乃說得活，乃用得遍，乃親切有味，此在凡夫以比量亦可知之者也。若有漏之言，全依猜測，但知一邊，故不可據。聖言親證，初地之事，學者用功且依聖言，待得親證時再自我作古也。

●講義第八八頁第九第五行『以引發因以無間緣乃能證眞』句

緣有四，因緣爲種子依，無間緣爲開導依，所緣緣爲境界依，增上緣爲引發依。因緣就同類無間而言，約如 前圖。等無間緣就媒介而有力之法言，故不必同類，有漏亦能引無漏，其狀如㊂〇圖。（㊂表有漏善〇表無漏善。）

●講義第八八頁第十一行『不通三世』句

龍樹講三世以現在半爲過去，半爲未來。大論解三世更分爲法相，唯識、神通之三種。法相就種言，唯識就相言，神就證言。以種子亘古相續，故可分言三世。唯識從見分變三世相分而緣，亦得分三。神通能通，非是迷信。如平常人不憶過去事，乃弱種末爲强緣引動不能現也。至靜中入定，過去相即明明現行。由此推知神通三世都是親證。

●講義第八八頁第十一行「不研八識」句

儒家雖昧八識，但亦有好處，即在六識上跕脚用功。

●講義第九十頁第十四行論頌文

一切心法皆具五門。一自性，謂自相又種子。二所依，有共不共，名之爲根。三所緣，即境。四助伴，即相應法。五作業。論頌第八諸句可以此判。

●講義第九一頁第二行『疏抄伏斷捨三各別』句

捨此而不捨彼爲捨，永不現行爲斷。一分斷，一分現行爲伏。異熟雖是棄法，但言無漏異熟，則否。古人有三義未經詳論，須爲發揮。一體相分，二出世末那，三無漏異熟。

●講義第九十一頁第五行論「大小乘教名阿賴耶」句

阿賴耶舊翻無沒失，但有持種義而無受熏義。新翻藏則具二義。持種爲能藏，受熏爲所藏。

●講義第九十一頁第八行『八識非種』句

唯識家於本識及餘識種分得最晰，二者不得互爲因緣。以上十一月十

五日第十一次講

●講義第九十一頁第十一行『本識不與轉識爲因緣』以下

前七善惡熏入第八成無記，復發爲善惡，是故名種。種非實有其物，乃第八模倣其用而立名耳。

八識非種。而有受持之用，故與種有關係。蓋前七識强業擊動八六，引滿現行，是爲弱業；又熏第八，第八受持，其事乃畢。即以第八爲依持種之故，弱業熏入即轉爲强，能生次後現行。第八能持，持者力之母，由是長養弱業爲强。故業雖不爲因緣，弱變爲强則亦有一分因緣之義。

●講義第九十一頁十四行「阿賴耶識與諸轉識作二緣性」以下賴耶轉識互爲二緣，其義如圖。

- 一新熏習
- 二引後種

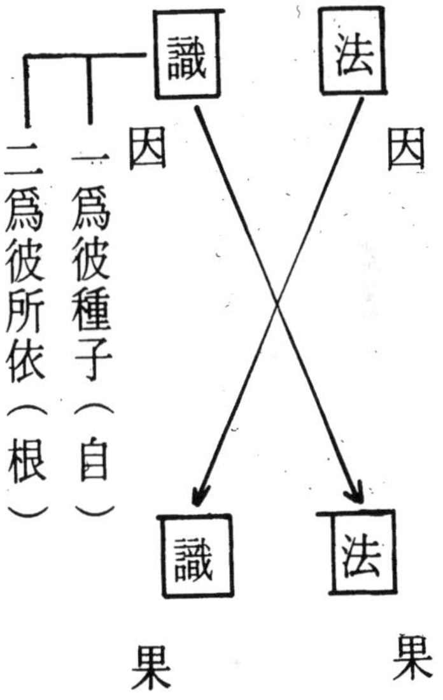

●講義第九十二頁第十四行『以識能持彼種子故』句持有攝受之義（望前說），又有引攝之義（望後說。）第八能持故最有力量。歸結其究竟則一用而已矣。

●講義第九十三頁第三行『一熏時即成種』以下熏謂受熏，就當時言。種謂持種，望後時言。熏種同時異時有二家義，如圖。

同時家

異時家

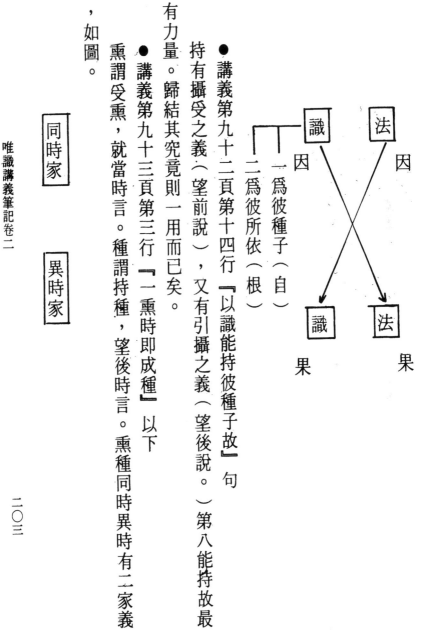

異時家解大論文，如圖。若依同時家解，則一剎那種與能熏俱滅，於理未洽。今從異家。

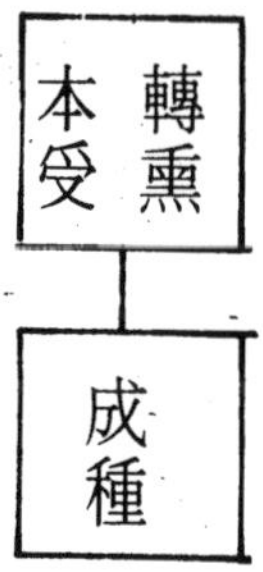

●講義第九十三頁第七行『又同時家』一段

同時家就異類言，如圖（一）。異時家就自類言，如圖（二）。

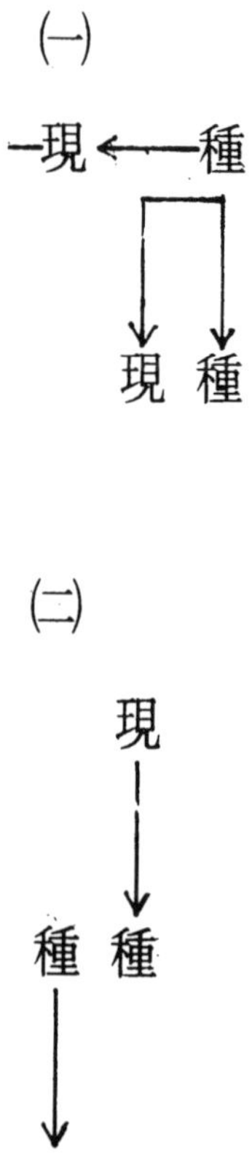

●講義第九十三頁第九行以下解能所藏種現三家義

種←

一唯現家
持（能）　受（所）
種（所）　熏（能）
二皆在現行時

二轉種本現家
（能）　現
持←生
種↓現
（所）
（能）（所）

三本種轉現家
（從七識生）
（能）轉
熏←種
（所）種　生
↓轉
（能）（所）
（生彼七識）

●講義第九十五頁第七行「學記護法宗」以下
今只講藏義，非講生義，故基師善。
●講義第九十五頁第十一行「攝論第一等云」以下
印度外道九十六種異論，以勝論數論爲精，今略談數論義。
數論立二十三諦，次第如表：（依金七十論）

▲我知（神我）

▲自性（三德塵，勇，闇，即貪瞋癡）。

變易，大→我執（我慢）→五大（地　水　火　風　空）→五唯（聲　觸　色　味　香）→十一根：
- 初五知根　眼耳鼻舌身
- 次生五作業根　語具手足大小便
- 次生心根　分別爲體

> 數論以我知自性相對而說，仿佛眞如無明互熏之義。故誤解眞如爲有實物，即不異數論我知。

二十三諦以四句料簡。一生他非他生，謂自性。二他生非生他，謂十一根。三俱非，謂神我。四俱足，謂大，我慢，五大，五唯。

數論所計之聯貫如次：

三德是生死因，由彼轉變擾亂，神我乃不得解脫。

因知二十三諦轉變無常，生厭修道，自性隱迹，我便解脫。

數論此義粗同起信。如以般若料簡即破，盖不得解脫即非神我也。又此說有多過，一誤虛爲實，二誤體爲用，三勘與法相不合。以上十一月十七日第十二次講。

●講義第九十六頁第十三行『基師自離二無體』一段

體用之義須詳爲分別如次：

一體中之體　一眞法界，言詮不得。

二體中之用　二空眞如，即方便以顯實體。蓋空其所空，則所不空者自顯，此爲即用以顯體。

三用中之體　種子，爲用之根源。

四用中之用　現行。當下心心所自證變起見相二分。

基師但就現行而言。對前爲果，對後爲因。因果者，義也。義即是用。用從何來？從種子起。是以自相（體）就種子言，因果就現行言。然擧現行亦概三相。現行當下一念發生，此非憑空而來，按實其物即種子自相也。

云總別者，其義如圖。

唯識道理諸相宛然，因果自相有條不紊，一念之中已盡具之。基師主張現行，一刹那中可以悟及全體大用，故無待煩言。

●講義第九十八頁第十一行『命根衆同分等』

命根依本識親種分位上假立，分位即是勢用之長短。又本識上自家業種亦同親種。衆同分依身心相似差別假立。差別即人天等。又有彼同分。如見色眼名同分，不見色眼（盲目有根而無扶塵）名非全分，由非同分種類分同名彼同分。外小以同分爲異熟。蓋謂緣、界、（三界）趣、（五趣）及四生等有同言同智起名同分也。如作此說即誤認同分爲有實物。

●講義第九十八頁第十四行『二十二根』

二十二根分爲六類如次：

眼耳鼻舌身意（六根）

命（一根，有部說爲異熟）

男女（二根）

苦樂憂喜捨（五根）

信進念定慧（五根，有漏之行）

未知已知具知（三根，無漏之行）

二十二根皆是增上緣。增上緣者，謂若有法有勝勢用能於餘法或順或違於生住成得四處轉。然增上用隨事雖多，而勝顯者惟二十二根。所謂順違，不過甲乙之方面不同。皆以相助得增上名。生住成得之義詳唯識述記四十四卷。對法言風依空等皆非是生。

●講義第九十九頁第九行『九心輪者』一段

九心輪可與五心相攝，如下表：

五心（就一時言）	九心（就一期言）
率爾	有分（任運起）
	能引發
尋求	見
	尋求
決定	貫徹
	安立
染淨	勢用
等流	返緣（有染者返緣至最初故如輪轉）
	有分體

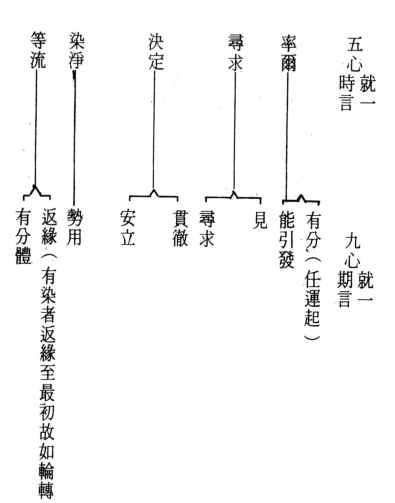

以上十一月二十日第十三次講

●講義第一〇〇頁第『初師法士用八識有四果』句

果有五種：

一　等流　下品等得下品等果，如。中下品等得下品等果，如。

二　異熟　因果不相似，如。

三　士用　有人，有法。

四　增上　雜亂增上，遍餘四因皆有之。此以佐助爲義，又以不礙爲義。不雜增上。除餘言之。在種子未發爲現行時亦有此緣。

五　離繫　上四爲有漏種，此是無漏，提起此種即屬學佛。此種增長則有漏種漸失勢力，謂能離三界者以此。

果由因起，小乘立六因，大乘立十因。小六因者：

一　能作　有無爲不礙者皆是。（有爲除自體）因能作果謂之能作。

二　俱有　果與因同。

三　同類　如善五蘊展轉相望，此果與彼果同。

四　相應　心所應心（經部不立心所即無此義）

五　遍行　十使遍五部染，十使者，貪、瞋慢、無明、疑、身見、邊見、邪見、見取戒取、五部者、見斷四諦爲四，修斷爲一，合有五也。

六　異熟　有漏善不善。

大十因者，詳已見前，如以十五依處相配則如次表：

一　隨說因——語依處（法名想）。

二　觀待因——領受依處（依賴受方發生，）

三　牽引因——習氣依處（種未熟）。

四　生起因——有潤依處（種已熟，潤即愛取潤）。

五　攝受因——無間滅依處（等無間緣，此言識）。

境界依處（所緣緣，此言塵。）
根依處（增上緣六根，此言根）。
作用依處（作具）。
士用依處（作者）。
眞實見依處（無漏之五。）

六　引發因——隨順依處（彼此雖二而類同能引。如有漏善能引無漏勝，又如慈悲能引大慈大悲，此皆隨順而非對治也。）

七　定異因——差別功能依處（功能謂種子。）

八　同事因——和合依處（從領受至差別功能，於生住成得有力鳩合。）

九　相違因——障礙依處（相違乃甲乙隱顯之謂，如草初青後變爲黃，此皆生也，但不俱有耳。）

十　不相違因——不障礙依處（雖無和合依，而不障礙。）

●講義第一〇〇頁第五行『等流果』

等流果義如圖：

（前念）（當下）（後念）

種……種

種……現

現……種

∴現（此對前爲現，對後爲種，能生後現。）

●講義第一〇二頁第一行『士用果』

士用有人、有法。人士用如種生草，有作者人工，作具鋤朮，而後用起。法士用如自生草，亦待作用，如得雨澤而靑靑，遭霜雪而枯黃即是。士用即是生，故人法俱概括在內。

法士用有四種，大小立義不同。小宗依俱舍論，其義如次：

一 俱生 異類同時現，即心心所相應因，俱有因。

二 無間 異類前後現，即心心所等無間緣。

三 隔越 士夫望作業，即善惡業經久得異熟。

四 不生 聖道望無爲，即斷障證離繫。此所顯得，非生得。

大乘用小四名而義不同，蓋小唯說現行，大乃種現合說耳。其詳如次：

一 俱生 此如心及心所，種生現，現生現，一時更互爲因力所引起。又有二種：一同類，如作意引心。一切種子周遍法界，相網而不動，惟相類者能引攝擊動，故作意警心，心則起現。如講義（乙）段附圖。二自類，以自品種子而言，如中下種引下現，見次圖。

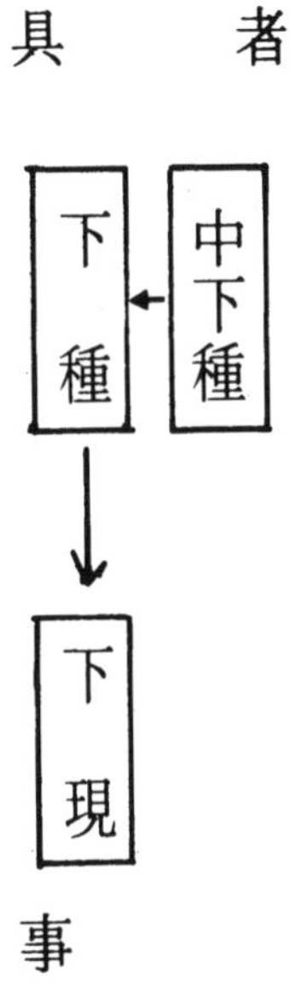

二　無間　此謂種子次後時由前念種而引發，或前念心心所現行引後念心心所現行。二者皆可名之等流。見圖。

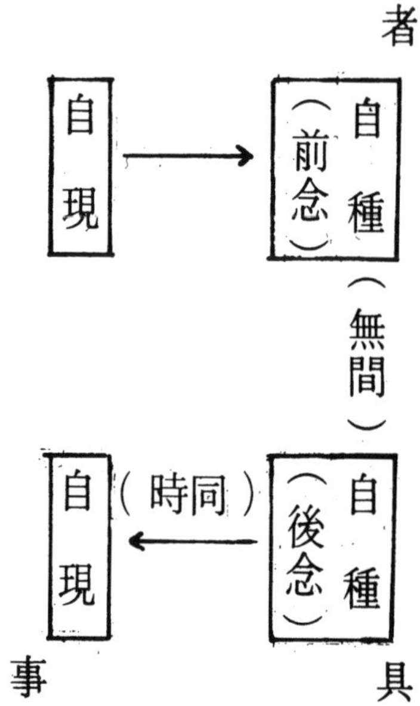

三　隔越　此謂異熟果，業隔遠時展轉爲因引起。見次圖。

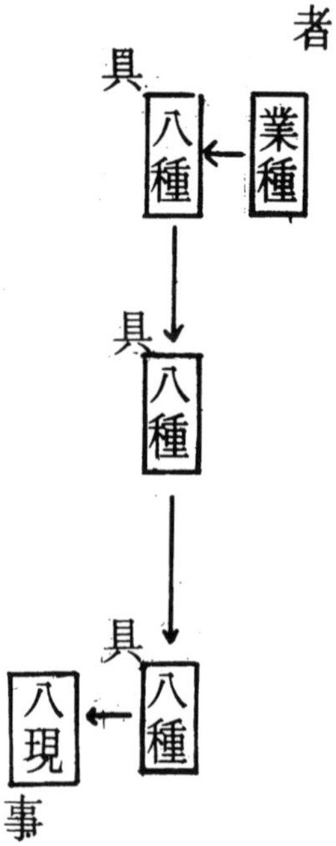

四　不生　此謂聖道斷惑得離繫果，如圖。

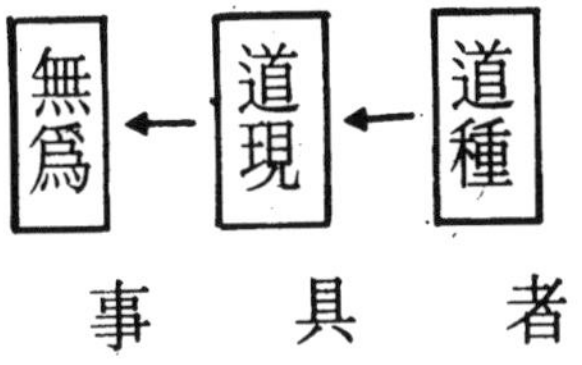

人士用四因果，領受、攝受、和合、不障。法士用八因得果，更加習氣、有潤、隨順、差別。故一士用概括多種因果。如與他果相望，則有士用而非等流，（如人士用爲增上）無等流而非增上。（以上十一月二十二日第十四次講）

●講義第一〇二頁第十行『出果相體有二家』以下

一兼種家，是測師義。所兼種謂今生現之名言被業所引者。二唯現家，是窺師義。

●講義第一〇三頁第一行甲最寬釋

最寬釋現種俱通果因二相，如次二圖。

（一）現通因果

因

自名言種——等流圖

善惡業種——異熟果

（現通因）

依持因——後念果

果

（二）種通因果

因

前七現熏（現念成）—異熟果（此或隔多時現，故有牽引因義）

前念自種（後念成）—等流果

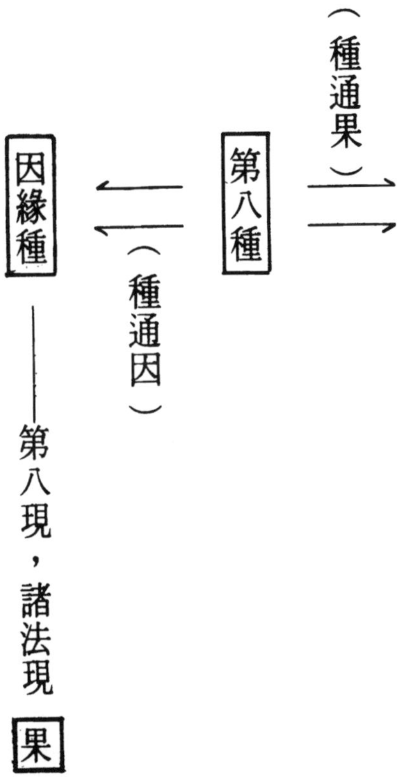

●講義第一〇三頁第六行乙處中釋

處中釋果相唯業種，因相通一切種。種有因果相者，以二變釋。生變即轉變，爲因能變，即是因種。緣（異熟）變即變現，爲果能變，即是果種。分見次圖。

㈠因種

八識種……→現行果
七識種……→現行果
此時成種

因種一除業。二除報。三除業報合成之果。

(二)果種

八識種→（繫動）……→異熟現……→
業種
六識種←（繫動）……異熟生現……→
現、異熟果

兩相遇而成現，現見顯現之謂。如名言種不爲業感，但得等流果。

●講義第一〇四頁第五行夾註『攝殖本現行』攝殖本識後現之義，如次圖。

前轉（識）熏→（引）後熏成（七能熏。八受熏。一果得。一切得。）

●講義第一〇四行第十三行以下『小六因之不共』一段持種於小乘唯能作因，大乘唯攝受因。俱有因如圖。

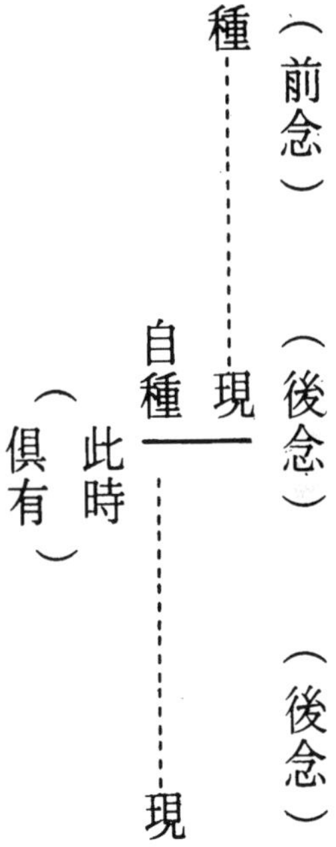

相應，因如圖。

小乘以善惡相對爲異熟，大乘不同，但借其名用之。以上十一月二十四日第十五次講

● 講義第一〇五頁第十四行『若俱有爲自種』句

後念因種與前念果現俱時而有爲俱有。

●講義第一〇六頁第三行『現行望種是種子望之非者』一段。

窺師主唯現象之義，第八無所熏種向後與現俱有，是爲無俱有。但前現不能至後，非是俱有；今逆溯其種（現行之種）與種子之種念念俱有，故就種子言俱有因也。其義如圖。

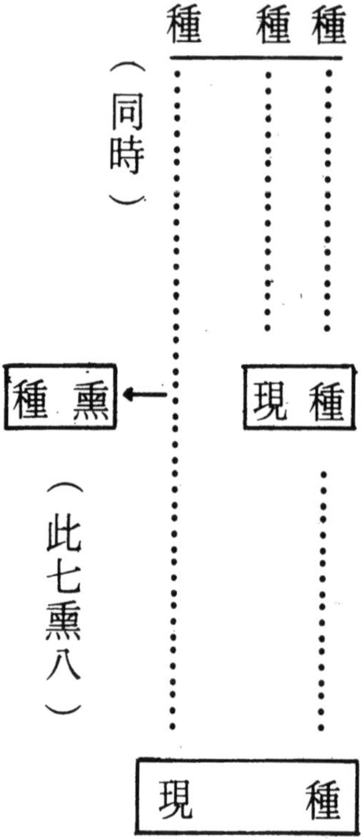

●講義第一〇六頁第七行『若小四望大四是俱有因』一段

大生小生等義。詳疏抄，可勘。但其文依據小宗各籍，猶大明瞭。小乘於大四相外復立小四者，小不立種子，辨析稍細即不能不作如是反覆之說，此一義也，又滅相有生住異者，有宗三世法有，過未體相仍存，故滅雖過去而有滅生生，滅住住等相，此又一義也，其詳如圖。

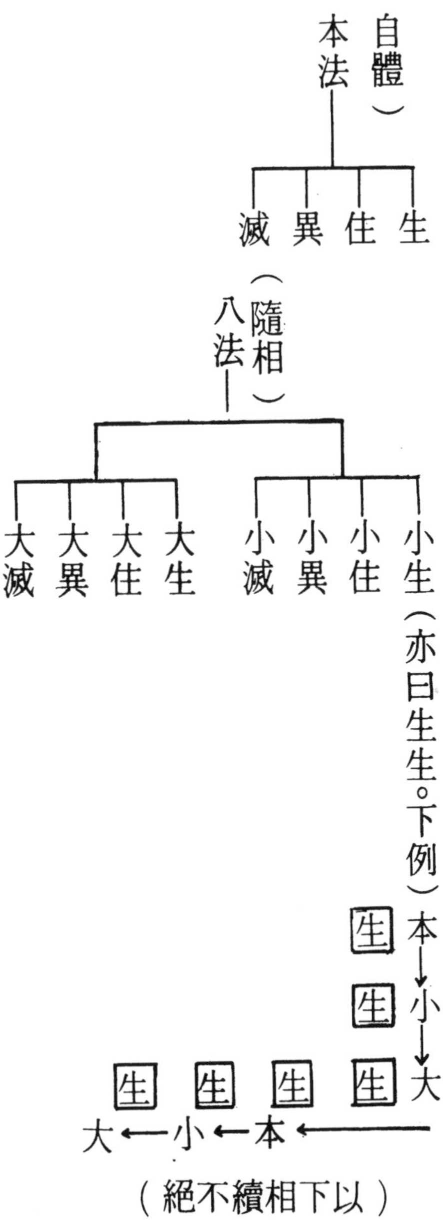

小生但生一生，不通餘法。大生生八法。除自言餘八也。苟不立大生則法斷滅，不立小生則法相雜亂，故大小四相爲小乘立義甚精之點。

又總料簡小宗本義者，法生時本相並其九法（自體隨相）俱起。本除

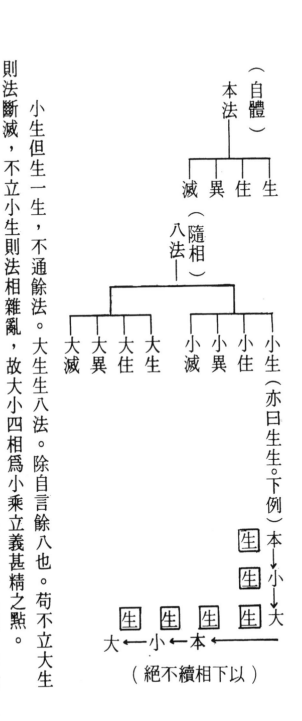

自一，生餘八法。（此有五生法）隨相生生於九法內唯生本生。（此但一生法）

（五生法）

一 大生望生本法成俱有因。

二 八法望生大生，五因，（本法。大住。大異。大滅。小生）餘小不生大生故。

三 八法望生本及餘住異滅成俱有因。

四 八法望生本，四因，（大生，大住，大異，大滅）小四不能生本故。

五 小四望大四成俱有因。

（一生法）

六 小生望本法俱有而非因，小生不生本法故。

大生與八法相望，爲因之義如圖。

大乘釋四相與小不同。四相以二剎那說，生住異是一剎那。滅又是一剎那。如圖。

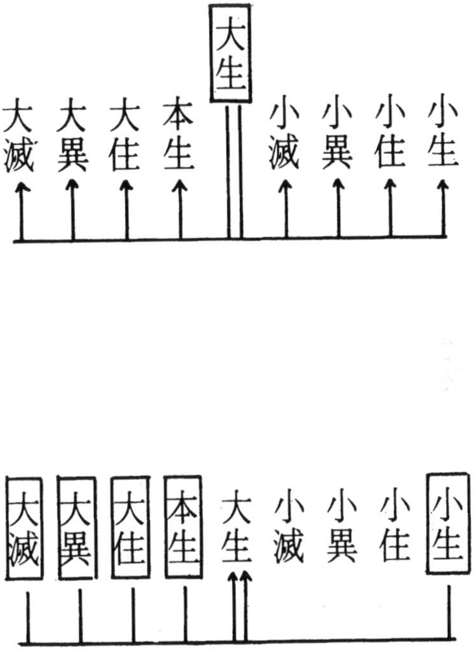

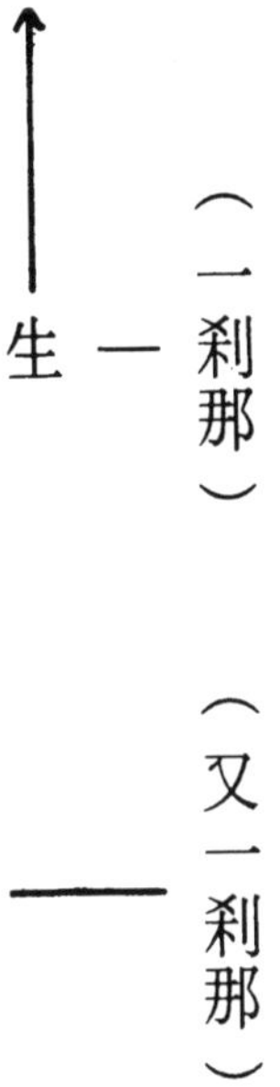

生住異三是一剎那，相對不

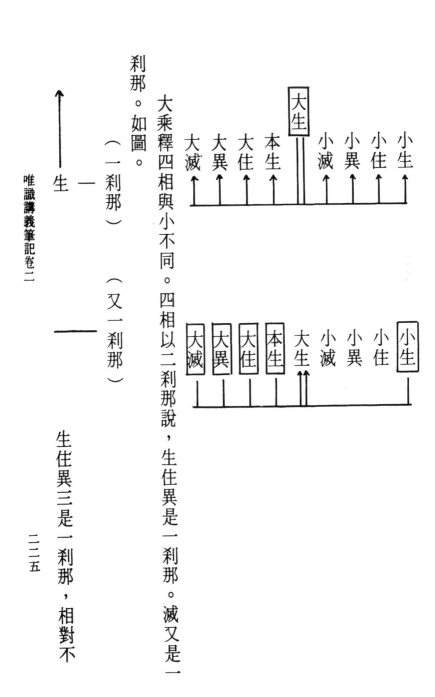

同而別建立。對前爲生，對後爲異，俱對爲住。第二剎那前法滅時即後法生時，如稱兩頭，低昂時等。以是說滅（前法）與生（後法）同時則可，說一法生滅同時則不可。

住
異
滅——（異住生）

又大乘釋四相別無實法，省却繁解，與小說自有天淵之別。惟起信論說四相同時，大同小宗三世實有之義，故知其爲小大過渡之說。

●講義第一〇七頁表中攝受因

攝受因由六依處建立，如次：

無間滅（等無間緣。識）
境界（所緣緣。塵）——正作

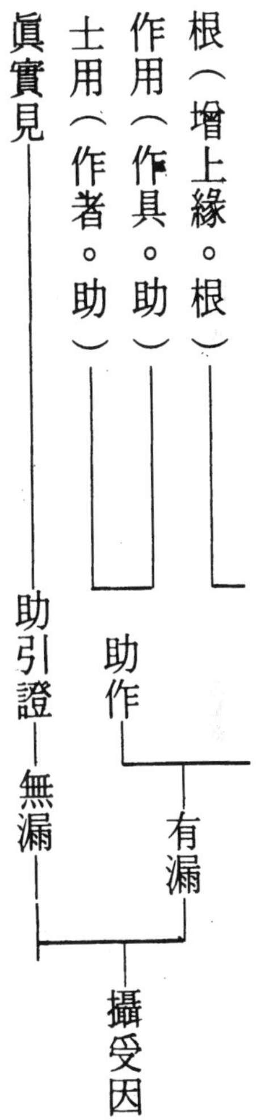

●講義第一〇八頁表中引發因

此種與彼現過，中間亦須有一引發因牽引兩邊，不必異熟方有此因也。

通常所謂因果同時者，指因（種）種與果（現）種同時而言。此在因果將合未合之際。及其已合，則成新種，不復同時矣。如圖。

（總結前說）

八識三相：自相攝持，果相能引，因相持種。自相爲體。因果爲義。義即是事，依體而有。故就因果而見自相，舉自相亦攝因果。如除自相則一切無依皆不可說。又果相就自相上能引之作用說。果未生時，今已能引，是爲果相。如是無間傳來即節節能生能引，亦即節節爲果。因相對果以言，能持彼因種故。三相具備而後頓起頓滅一切幻有，八識能事盡於此矣。以上十二月一日第十六次講

●講義第二卷第一一〇頁第三行論文『一切種相』一段

八識乃受熏持種之受持，前文已解，此下當解熏種。先提其要。種子以十門辨。

一　出體　法相唯識之好處在每談一法必先按實其體。爲種子體者。功能也。力也。一切山河大地皆力爲之，八識見分相分亦力爲之，八識見分相分亦力爲之。然不曰力而曰種者，說法以法則死以喻則活，今從喻說也。又種爲功，果爲德，合種果而成功德。

二　一異　世間法皆幻有，次出體辨一異，不一異乃見其幻也。前辨其體，此狀其相。

三　假實

四　二諦　此二門須合說。假法有六種。（聚集假。合有分無，如五蘊爲人，聲音屈曲爲名句等。二因假，未來之法能生諸行，能生爲因，亦分位上立而無實法。三果假，如擇滅爲道果，就無爲離繫上假立。并無實法。（凡言假法皆有所依，所依法或是實。如因果法假，所依則實，餘例此知）四所行假，謂過去諸業。五分位假，可知。六觀待假。如空待色無，非擇待無等。能待者假，所待或實。假實之判大抵如上。然法相通途說一切法皆假者，就二諦而言，眞諦有假有實，俗諦則一切法假也。至於諸法實際待證而知，不同言說，則非此所論。

五、四分　種子爲所緣，屬於相分。

六　三性　種子屬無記。

七　本始　辨種子今昔有無，以第三家本始俱之理爲長。但此亦以兩邊有過，折衷立說，究竟處仍待自已證會，故非世典一元二元論推測之比。

八　六義　謂種子具六義，乃簡餘法而言，不可死執六義求之。論謂不見眞如不了諸幻，今特恃義解而知其影相，安可執著爲死法乎？六義者：一、刹那滅，簡執眞如。二、果俱有，簡執因果。三、恒隨轉，簡執生滅。四、性決定，簡執和合，執無記。五、待衆緣，簡執恒常不動。六、引自果，簡執不平等因。

九　內外　內外俱有種子，外種以分位立。

十　四緣　種子屬親因緣。

種待熏成，故次釋熏。論有八義，如表：

能熏四義
- 一　有生滅（此謂動）
- 二　有勝用（此謂自有力而能動他。以熏爲名者，從喻說。）
- 三　有增減（此謂有粗細。其細不可形容。又無可走避。）
- 四　和合（此謂能與所合，具上數義。）

- 一　堅住（此謂有定處，非流動。）
- 二　無記（此謂不死執善惡。）

所熏四義
三　體疏（此謂有隙可乘。）
四　和合（此謂所與能合。）

有熏而後有種，又待種而後起熏，此非有實物可指，法相爾如是而已。

●講義第一一○頁第三行論文『謂本識中親生自果功能差別』句

親生自果之義，如圖。

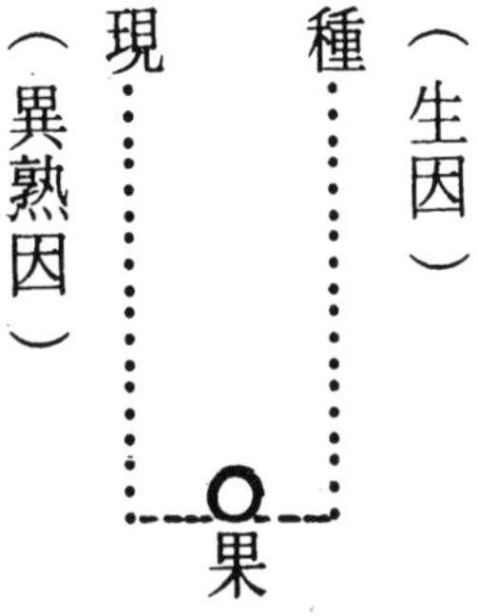

（對前爲果，對後爲因。此就功能言。非就結局言。故前七熏種而非功能差別）

●講義第一一○頁第九行論文『此與本識及所生果不一不異』兩句

一異之義如圖：

本識　體

果 — 所生果（諸法）　　種子對果言，乃發生之謂，而以本識為依持因。此於四出體中就性用別論說。

因 — 種子　用

解釋不一不異，此論與起信不同。舊有二喻，一瀑流波，二明鏡影。初喻三義，溺不出離，（染雜）緣起恒續，（風為波緣）內外隨轉。（一切種子）此就種於法說，或就八於七說。次喻例如。古德謂初喻是生滅門，次喻是真如門；基師釋不然，二是重喻，無二義也。深密經說不一異學十二喻，最為詳盡。具錄於次。

色……一　螺貝上白，二金上黃。

聲……三　箜篌上曲。

香……四　黑沉上香。

味……五　胡椒上辛。

觸……六　蠹羅棉上柔。

法……七　熟酥上醍醐。

三法……八　一切法上無常，九一切有漏法上苦，十一切法上人無我。

三毒……十二貪瞋癡上不寂靜。以上十二月四日第十七次講

●講義第一一二頁第三行以下『述記安慧見相是計執』一段

相宗眞傳在中國而不在印度。相宗至護法而後完備，護法之學奘師實受之，印土則未嘗流傳也。（護法著書玄鑒藏之，而傳於奘師）。奘師在印立眞唯識量標不離之義，而後唯識安立堅固不搖，此不過出護法學之一端，而其前陳那安慧諸師立說未精已可概見，至發揮護法學而光大之，更非印土學者之事矣。奘師門下傳護法學者三大家，窺基、圓測、太賢、元明以來古籍佚亡，此學失傳者千載，今幸諸家著述次第重刋，（圓測著書散失特多。慧沼了義燈一書係駁圓測等說而作，從反面推論亦可見圓測解釋護法立義之一斑。）研學有資，重明絕學，正吾儕之責也。

種子由因緣立。因即是依，可以追溯。可以稽考。一切用皆無實。惟

可追溯稽考即具有因緣者則假名爲實。追溯稽考至於其極則惟本有種，故本有種又爲用之究竟也。

護法安慧辨種假實不同。護法謂計執二分是假，二分是實，所謂需妄分別有也。種子是相分，故種子是實。安慧謂二分即執，并是假法，種子相分故亦是假。

依護法義，計自證亦是假法，而不說者，一我執不依自證起，惟法執依。二今古大小皆不許有自證分。三自證屬見、唯能，今取二分攝法亦盡。

●講義第一一二頁第十行以下「二重勝義」一段

四眞四俗中、三科爲智所緣，亦爲慧所緣，故眞俗俱有。四諦、二空、其義均同。

俗諦種通眞仍假，無漏種通俗仍實，此義古人未言，今須補立，否則用義不穩。

●講義第一一三頁第四行以下論文「種子雖依第八識體」一段

說識皆指見分，但唯識言是指相不離見。

西方許有相見二體性者，凡兩家。

一　同種家　即一識體轉似二分相用而生。此說影像相見離識無體，但是識用。

二　別種家　見是自體上義用，相別有種。相分以作用別而性不同，（見靈動而相呆板）但依識而起。奘師窺師皆取此義。

又相別有種而名識變者，不離義故，識變時方生故，如大造色。由心分別境方生故，非境分別心方得生故。所緣緣見待相起，亦帶相生故。以上十二月六日第十八次講。

●講義第一一三頁第五行以下『護月大論生無色唯緣種者』一段

大論五十一，賴耶於二種所緣境轉，一了別內（身）執受，二了別外器相。了別內者，謂遍計自性妄執習氣，（一）及諸色根，（二）根所依處。（三）此於有色界。若在無色。唯有習氣了別。

又論記五十二、護月學，種子爲自證分緣，種子即見分體，生無色界第八見分即無所緣，故彼界第八見分緣欲色界器世界等；以是共業故，雖生無色而得下緣。依記文意，但論業之共不共，不論界之上下。

又護月義，一種子爲自證分緣，自證不緣外，故非相分上立。二見分是所緣，自證爲能緣，種子不於能緣立，故不於自證上立。三陳那集量唯三分，無第四，故種子不於證自證上立。由此三因，種子必於見分上立。

●講義第一一三頁第十行以下「測師熏自證分」一段

相貫體用。眞如雖非用相，仍是體相。否則無同空華，一切相皆無依據矣。

●講義第一一三頁第十三行以下論文「諸有漏種」一段

熏是種之始，種是熏之終，種與熏屬前七，第八體是受持，故體類皆無別。

從唯現家，因果皆就現行言。

●講義第一一四頁三性一表。

對法講法相，大論講法相之所以然即法相之用，故二論說三性大同。

今分別釋諸門之要義如次：

一　自性、善謂十一善心所，無記謂命根衆同分等，不善謂惑隨惑。

二　相屬善不善謂心所。

三　隨逐三性謂等起習氣。

四　發起三性謂三業。

五　第一義、善即眞如，無記即虛空非擇，不善即一切流轉一闡提。佛是善之究竟，二闡提是惡之究竟；皆就用言，體則平等無善惡之可言。又謂究竟，亦是虛用之詞。

六　生得三性謂任運起法。

七　方便善，謂善知識聞法，如理作意，法隨法行，無記謂威儀工巧。現供善，謂建廟、造像、思法、書法、供僧。此皆流傳方便，故謂是善。又佛弟子即僧，不限比丘一衆。佛法之存乃以學存，非有形式上之僧徒即能存佛法也。現供無記謂離殺及見而祀祠，現

八　供不善謂殺生祀天，自餓求福等。佛法雖有苦行，乃以降伏外道，全是不著二邊之平等行，故非不善。

九　饒益善，謂四攝，無記謂施自妻孥僕役等，不善謂種種違衆。

十　受用、善缺，無記謂無擇無染。

十一　引攝善謂施戒生天讀經等。

十二　對治無記謂服藥治病。

十三　寂靜、不善即不寂靜，無記謂禪伏煩惱，雖伏仍起，惟得對治乃爲究竟。

十四　等流無記謂嬉戲變化。

三性十四門攝盡法界一切事。

●講義第一一五頁八行以下論文『諸無漏種』一段

無漏種在地前未發心名未熏習。發心以去有漏熏無漏，與彼本有種性隨順故。地上見道無漏熏無漏，現行成始起故。必有漏種避出地位，無漏乃得現行，此一避讓即增上之義也。以上十二月八日第十九次講

●講義第一一五頁第十一行論文『若爾何故決擇分說』一段

述記卷十三第七頁釋無漏異熟因果之義，極要。又述記釋論文復次（卷十三七頁左九行起）可分三段，（一）前未熏習，此已熏。（異性相依爲前，無漏自熏爲後）。（二）前熏未熏，（隱顯合），此已熏。（據顯）。（三）前已未熏依異熟，未屬法爾，有諍。此唯據已熏，不論新舊，無諍。

●講義第一一六頁表中三家

談種子有數義宜明。一、種子爲力，非色非心。二、力遍宇宙，故種子亦遍宇宙、一念起用，宇宙森然；種子無盡，宇宙亦無盡。三、種子無長短大小之分。現行起時，相由見帶，故識心分別一生，即攝全宇宙，無小不攝大，亦無一處不攝法界也。以是生滅源頭不易窺測，世典一元二元之論特猜想之談而已。四種子來源凡分三說，本有、始起、以及本始。道理實際即須自證，若在言詮則以簡過存眞而止。故本始之談，折衷二說，未爲矛盾。

本有始起兩家均有轉滅轉齊之義，應先了解。

▲轉滅義

（一）本有家　下品種能擊動引生中品種，下品則滅。中品種能擊動引生上品種，中品則滅。三品相引，展轉而滅，實祇一品。

（二）始起家　大同前義，但謂三品相熏，展轉而滅。

▲轉齊家

（一）本有家　主熏增。如圖。

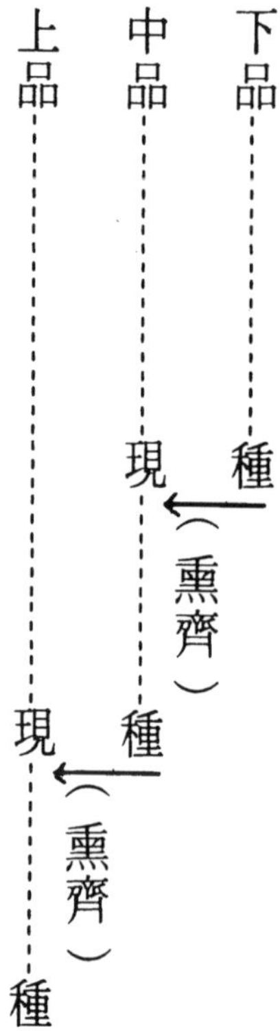

（二）始起家　主熏成，如圖。

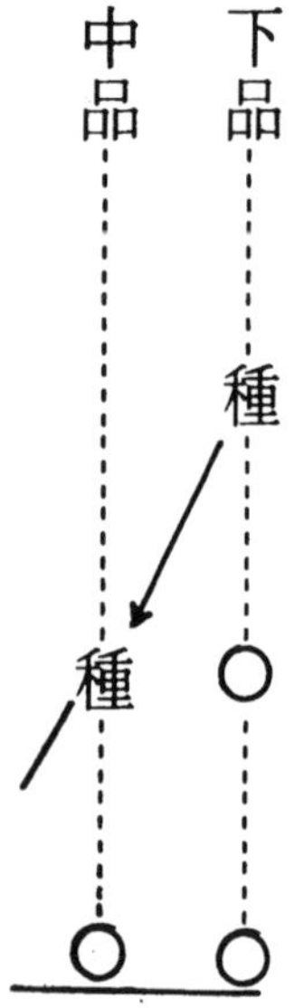

轉熏而齊，故種子俱存，佛位能逆順入定，又

上品……（斜望不齊）……種（齊）爲凡夫之爭，即據是理。

法相引教大小共者爲四阿含、天請問等，論引阿毘達磨經是法相經，大經，大乘通用。唯識家引教則多不共。

●講義第一一七頁第十一行論文『而由染淨新所熏發』句

有漏淨法如發心以去聞熏習等是加行善，此有漏可熏無漏，故見道位無漏種有力而能發現。

●講義第一一七頁十三行論文『五種姓別』

大乘要義不外成佛度生。所度何生。又如何度。此須預先認明，衆生五姓各別，急須引攝者爲不定姓。所謂度生則皆令入無餘涅槃而滅度之，無餘涅槃又即還其本來面目無絲毫假借而得解脫之謂，一切衆生皆有增減不已，面目盡喪。積土成山。風雨生焉；積水成淵，蛟龍生焉，其始但毫釐之差，及爲山河，則無拔山倒海之力，無可如何，但有聽其流轉而已，抑學問之道，逆道也，不自然之性必逆而盡除之，（自流轉邊言爲逆，自還滅邊言仍順。）況實非本性者乎？有如種種習氣，似乎本性所出，持猶山河之風雨蛟龍，由來雖久，實非本性。更何云率性而行？今人愛言競爭汎愛，以爲順於人性，其竟不過廣造有業，去涅槃也愈遠。故根本之眞假，不可不審辨之。

中國天台法相二家於五姓義爭辨甚烈。然如空宗言衆生皆有佛性，禪宗言狗子有佛性，又言庭前竹子瓦礫無非槃若，凡此皆就體說。又法相家著述如法華玄讚，慧日中邊論等昌明無姓之義，此皆就用說。故有姓無姓其實無諍。

●講義第一一八頁第二行論文『如是建立因果不亂』句

諸法但有一本有種，因果不亂。如許新熏，則種成多。何種生果？以

上十一月十一日第二十次講

●講義第一二〇頁第四行『會教本有是無始熏』句

本有家以瑜伽性雖本有難，新熏家以出於無始釋。

●講義第一二〇頁第九行『一佛有大定』句

大定非四威儀，中久習一威儀，亦非一心不亂之義可以攝盡。入大定者必世間最有智慧之人。爲大定因者，第一須信世間有佛，信我可學到，又信由聖言路而入。（戒定慧爲下根人說法，如眼光決定，志不在此，亦自得入。）二須誓自當下始不無流轉，不一毫放鬆，猶如渡海皮船，不可一絲漏水。又誓畢竟還滅。得大定果者，由等持而等至，能發起般若勝利。等持以平等持心爲義，此非使之不動而已。開始稍須著力，此即是持，等至謂上界定。般若勝利則無量功德也。

●講義第一二〇頁第十行「四後智起悲」句

悲智相生。凡夫雖不能眞悲，然起假悲亦得。謂悲有眞假者，大悲由觀三十二法而起；因證人法我空，而衆生偏不能空，自陷苦境，由此悲憫，乃爲眞悲。凡夫但可依佛說而學悲。此悲順眞。能引大智，故雖假亦所必須也。

●講義第一二〇頁第十行『七十二分敎』句

十二分敎大意如表。

（小唯）經

一　契經（長行略說。）

二　應頌（不了義經　後重頌。）

三　記別（佛弟子得失生處事。）

四　諷頌（一句至六句，令人易持）

五　自說（不請而說。）

（小大通）律

六　緣起（因請而說，由事制戒。）

七　譬喻

八　本事（自身前生事。）

九　本生（弟子前生事。）

（大唯）經

十　方廣（方謂方則。廣謂廣大，然是平常道理。）

十一　希有（非常道理。）

（二通）論

十二　論議（連綴種種道理而成。佛說與佛弟子說，並可稱論）。

●講義第一二〇頁第十三行『十力』

佛位方有十種智力：一處非處，（就相應說）二自業，三靜慮解脫三摩地三摩鉢底，四根上下，五種種勝解，六種種界，七遍趣行（業力願力到時並能入地獄，故遍諸趣）。八宿住隨念，九死生，十漏盡。

●講義第一二一頁第十三行以下『述記解有利鈍』一段

俱舍謂在家行聲聞行得證四果，此有三解：一證後始出家受具。二不必出家而袈裟披身。鬚髮自落。三即以在家形狀爲聲聞。

大乘之義與此不同，不必聲聞而後爲僧。智論謂諸佛世界有唯以聲聞爲僧者，有唯以菩薩爲僧者，有以多聲聞少菩薩爲僧者，有以多菩薩少聲聞爲僧者，所制各各不同。釋迦佛有菩薩僧而不立制，以此土衆生根器太劣，恐貌爲菩薩衆者太多耳。如眞菩薩，亦許入僧衆。其先後座次或以受戒爲次。或以長幼爲次，又或分座。（以上十二月十三日第二十一次講）

●講義第一二三頁第十一行『現法長養彼種者至成三性名言種』一句

文中大意如圖。

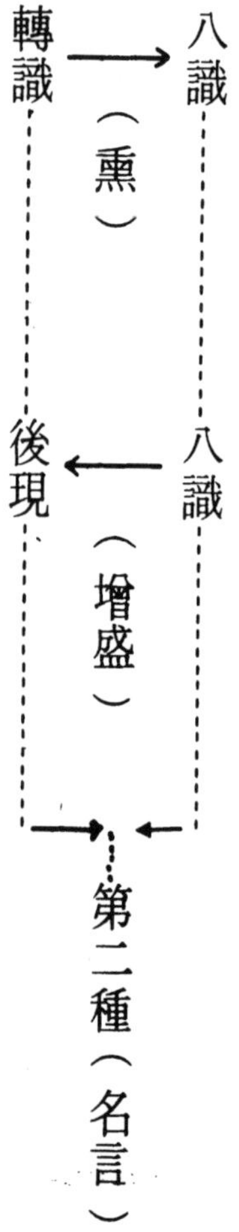

八持轉現，持現同處，故能增彼。

●講義第一二四頁第十一行以下『今欲明論意』一段

本有家新但助本令生，非代本生。新熏家難，但自不能熏，須他熏長，否則異熟如何通耶？

●講義第一二五頁第十二行以下論文『若唯始起』一段

不立本有種者說新熏上無漏，或說本體上生。

●講義第一二六頁第四行『彼宗有五種法』句

有宗五法、大意如次：

一　長養　又二：一用勝，通十八界。二體增，五根五境。此如飲食，資助（塗油），睡眠。等持，勝緣所益養護異熟相續，如郭附城。

二　等流　此從同類遍行因生。

三　異熟　除聲，餘十七界，果異其因。

四　刹那　又二：一十七界全，一界少分。二不從同類遍行因生。

五　實事　又二：一有體，十八界全。二體堅，無爲法界少分。以上

十二月十五日第二十二次講

此卷得周少猷邱晞明吳眞聶耦庚諸君所記參酌改訂之處頗多附此誌感　二月一日澂記

唯識講義

歐陽竟無先生講

八識八段十義　筆記卷三

●講義第二卷第一二六頁論文分別論者段

述記分別論無法爾種，不同本有家；又離煩惱時以體爲因、不同新熏家。

分別論者說心性本淨客塵所染，似與大乘經文相同，其實則違經意。經云心性淨者，正義有二，如下表列。表中以眞如爲心性者，以用依體而言。又以識自證分爲心性者，以種依識而言。

心性淨
- 眞如
- 淨識自證分→眞如（同依於體）——無漏種依
- 染識自證分——有漏種依

分別論者不知有無漏種子依，即以眞如爲心自體，謂能生一切法，此一誤也。又不知有無漏種各別有依，而謂淨心可生染法，此二誤法，此二誤也。大論二十七列分別論計云，心性淸淨客塵煩惱所染汚故不淸淨，又染不染其體無異，若相應煩惱未斷名染心，斷名不染。彼宗之意心體本淨由起煩惱名染心，故立客染。此計染淨體同，最與道理違反以次引大乘經文對照觀之，得失瞭然矣。

無垢稱經云：心性本淨客染煩惱；又云：心垢故衆生垢。此文以心性與客塵爲二，幷不相混。又心性言或指眞如或指識自證分，而染淨種依各別，用亦各別。故無明有種，無漏法亦有種也、分別論者混有無爲爲一，則無漏之用無從生起。起信論之說正同於此。

又勝鬘經云：自性清淨心而有染汚難可了知。經又依世俗以四諦爲四依，又依勝義以滅爲一依，二法相依似一乃云一依。又就體邊言眞如，就淨用邊言二空所顯，由此更有空如來藏不空如來藏之義。如來藏者藏如大海無所不涵，如來謂淨此即淨種子所依也。經云一依，依眞如或如來藏而已。（所依即有藏義）。故經又云：非如來藏有生有死，如來藏離有爲相，（依自證分對見相變異而言非有爲）。如來藏常住不變（謂爲自性故言不變。）是故如來藏是依，是持是建立。此文言持與建立明知非眞如得有此用，其實乃謂淨識自證分也。

法相諸論多擧阿賴耶識，而經文不爾者，此有精意須爲發明。經云自性清淨心而有染汚，是以智爲主而含攝染汚識，攝論等言賴識中寄存無漏種子，是以識爲主而攝清淨智。論說唯識，自應以識爲主，經就果位而談，又自應以智爲主。此乃相反相成之說，非相違也。又唯識於智能爲主之一面不獲說明，其學範圍猶狹，令應從華嚴、法華等經闡發此旨。但宜本於法相，不可輕從賢首天台之說也。

由上所說，古今學有兩大派：

㈠以智攝識，如來藏中亦有染汚。

㈡以識攝智，阿賴耶中寄存淨種。

今談唯識，說後一派。佛法爲衆生說，隱智顯識，正是對機。識義既明，智可例知，故唯識之學雖偏一邊實則究竟也。

●講義第一二七頁第二行「以體前後無能變故」句

述記云應有取與者，生相未來有取果用，滅相過去有與果用。又種引後種爲取，種生現行名與。

●講義第一二七頁第二行「若說即心」以下

論文亦可分爲四段。基科（一）爲第一段難體不可混。（二）至（四）爲第二段難心不可混。（五）（六）爲第三段難有無漏不可混。（七）（八）爲第四段難種現不可混。此科與測解相近。

儒家無無漏種子義。其擴充之說自善。然任何擴充，終由有漏種所出，終不能結無漏果，有漏無漏兩不相蒙如桃與李如瓜與豆。故所立說終遜佛家，有漏性是雜染，雖至善亦不純也。

●講義第一二八頁第六行「因於喻上不轉」句以下

立言辨駁須知一篇主旨之所在，不可字句吹求。又出立量之過。應知文中有持立量者，又有文法偶與量相應者。基師文便似乎立量，泰師即據因明法駁之，不免失原意。

●講義第一三〇頁第四行論文一段

論云無始時來種，當大論之性種姓，又云勝進位熏增，當大論之習種姓。以二種姓爲因，淨法爲緣，生起現行，乃熏新種，此則在見道位矣。

各家異說如次：

勝軍新熏	護月本有	護法本始
性—有可斷障義	性—十信以前	性：法爾—性種子；熏增—性種類
習—聞法發心重至見道	習—發心資本	習：發心—有漏習；見道—無漏習

習種性之位次有說在地前三方便中之初信者，（三方便以初住攝十信，故此即住也。）有說在七住不退位者，又有說在見道有決擇智之位者，

其實皆通。習性始於發心。發心時即有疏熏無漏種子之義，由此漸增無漏功能乃八見道故三位皆有習姓義也。此義關係學佛者甚大，不可不明。凡言發心，即待讀書爲緣；內典是無漏等流故，有緣義也。

云一闡提無佛性，就習姓言，以其畢竟不能發心也。性姓乃具，但極微鄰無，故謂之無。

●講義第一三〇頁第十三行諸聖教中一段

會違中、初、經不違自。熏義共認，新義則不共認，既非新生即賴舊種，此則本有種也。次自不違經。以增長爲熏，而不以新生爲熏。

通聞熏難中、外人講能熏但是有漏，今幷通無漏。以能聞有漏，所聞無漏；所熏有漏，能熏無漏也。又能熏疏無漏所熏亦疏無漏也。又聞法不淨，故聞熏通有無漏。

熏有親疏者，自聞法時與本有種相應，自變相分，親由法起，故熏本有爲親熏。托質變相，其義既疏，熏爲疏熏。凡聞熏中有漏性者，皆指托變而言。

謂正因緣微隱難了者，等流無漏爲隱，本有無漏爲微。此云微者，以其似法也（以上七月五日第一次講）

●講義第一三三頁四行對法以下

就對法之文觀之，可知安慧與護法學說之異。對法云，有漏法言亦攝隨順決擇分善，麤熏所隨故，一切一分是修所斷，一分者除見所斷及無漏法，基出三解，後解最是。惟新熏家言云云，亦可謂依攝論。攝論主新熏，而於世第一法及入見道解釋不明，以其無新本有無漏種也，乃謂見道剎那因前一剎那而起。此特等無間緣耳，安得因緣，對法同此，即不可通，故基師有第三互用家之解也。

然對法之義，亦可不爲會通，以其有特到之處也。對法爲法相，成唯識等則爲唯識，二者立說有異。唯識注重四緣，以種子親辨自體爲因緣，而後發現爲識現行，故論種子義獨精微。法相不然。專就已現出之相貌而解，只須說明其次第，於諸法種子因緣從略無礙故，說種子義不精也。又法相從小乘遞嬗而來，以蘊等三科爲法，其顯現安排量所證之相貌爲法相，（以此相非名相之相。）既純從顯現以言，即係由種子推至現行。與唯識宗之由現行逆溯種子乃大不同也。至於對法小乘等均以三科爲法，此乃佛語九事所攝，法爾如是之相貌，無論大小，乘佛法皆不外是也。

再從學說之歷史以言，雜集爲救俱舍而糅，注重小宗之義，故特提三科也。佛滅後小乘學派分二系，上座一系毘於瑜珈，大衆一系毘於般若。又自上座派分各部，一切有部說三法皆實，經量部破有部說三法有實有假，俱舍用經部義立說，爲衆賢所破，而後雜集救之，其所依據之學則法相也。瑜伽一論本兼法相唯識而有之，法相古學，唯識今學，其說各有所宗。故後來唯識別開，法相之學亦大成於雜集。糅雜集之安慧談唯識而不精，又雜以大衆般若之思想，以爲俗有眞無，故不立本有無漏未見其不可。由此以談，雜集說世第一法爲無漏，乃是正說，非隨順也。後人會違云云，亦曲爲之解矣。

●講義第一三三頁第八行論感勝異熟者一段

大小各家皆言資糧加行，又皆言感，而義不同。業分引滿者，滿就果言，引就因言，其强弱有異也。

基師釋感義不同於有部及測範二師，另爲一表明之。

- 小
  - 資糧——總別
  - 加行——別
- 大　加行
  - 一、不迷因果（別）不放異生隨眠無明（迷津）發行
  - 二、凡夫亦造業（總）放逸異生三種無明發行

●講義第一三四頁第一行「新熏家一品轉滅」以下

轉齊轉滅之義已見前卷筆記二四〇頁。依熏本家，地前唯進資者，本性相近，又志願前進者。地上有退資者，諸佛無量種子不滅一分，故可退爲菩薩也。又約實理，非特退資地上，亦應退資地前；補此一層，諸佛化現作凡夫事乃有依據。

●講義第一三二頁第四行「依障建立種姓別者」以下（因順文便故講演次序與講義異）

佛說法特重不定姓人，以其數特多且易轉移也。今必建立五姓之說者，以我儕凡夫，未躋見道，捨教無憑，瑜伽之教則說五姓也。又以理推，用皆其對待，既有佛亦必有對待之無姓人也。無種姓者，二障（煩惱所知）不除之謂。新熏家解非以種顯障，乃以障顯種。（謂有障即有種也。）本始家解非以障顯種，乃以種顯障。二解不同，其理則齊。以上七月七日第二次講。

續講前次未盡之義

大論二十一釋無姓六相，此乃慈氏之說，與各家微異。以相說者，佛性有無隱微難了，如經載有人爲衆大德反覆觀察無一善種謂不可度，而佛證知彼人八萬劫前倉卒遇虎懼極稱佛以此善種今日可度，此之因緣微細，諸大弟子且不能知，故今但由相顯體也。六相如次：

一、賴耶愛滿，（謂我執堅）。成無量種，念念隨現，雖佛難拔。（本宗說有無漏對治義，存佛有漏不起無漏獨行，闡提反是）。

二、無少分厭生死樂涅槃。（今人通病在於外色山河大地作常住不懷想，於內心識機受作死後斷滅想；殊不知物質無常必歸消滅，心神無礙亘古不磨，乃竟顛倒無知徒增其生死之懼而毫無樂涅槃之心。以云學佛，必自樂涅槃始，本來面目棄去不理，諸佛說為可憐愍者。）

三、上品無慚愧。（宗儒謂直不知人間有羞恥事。人禽幾希；治亂關係決於一恥，世道且然，況於至道。）

四、聞善說諦一毫不動。

五、逼迫苟活出家螺音狗行。（此雖指出家言，然在家此行亦是無性之相。）

六、為殊勝後有少修三業。（不知出世）。

●講義第三卷第一三八頁第三行論文

先就種子來源豎講本始，次就種子內容平說六義。其實概括不盡。如遮外種，應再加極隱微之一義也。但言種子之自相，則一刹那滅明其體之有生滅，三恒隨轉明其體之不同兔角龜毛，有此二義已足。自餘四義皆因遮餘而立。讀者宜善取此意。不可拘執，因具六義亦不必為種子也。

●講義第一三八頁第十四行以下

一刹那滅者、佛法是用，不說體而但說因果，此甚淺顯又極平等。種子六義中首簡常法不能爲因，亦屬此意。

二三兩義皆謂無常且現在，故可與他念爲因．又與他性爲因。大論但說七因，係就因緣果三義逐次推論，後人本此義而立種子，筆端於攝論，精深於唯識，可對勘知之也。

述記，外色假名種子者，一無實體，二唯識重變。三是現行，故云假也。

●講義第一三九頁第二行「有勝功力而後可取與」句

種子者、力爲之也。惟言力則有語病，講用乃更活也。

取與之義講家多誤，今取疏抄、爲因生現名取，酬因名與。

●講義第一三九頁第三行「一遮無爲緣起」句

大衆四部化地俱計無爲緣起，然彼之無爲非即眞如，乃是無常生滅之理是常是一亘古不變說名無爲耳。由此無爲能令緣起支有隔。別此所謂能令者即是轉變，轉變即非眞如。然大乘經亦云一切聖賢皆由無爲法而有差別者何耶？經言差別非無爲別，蓋就證無爲之淺深能邊言之而已。

●講義第一三九頁第三行「二遮長時四相」句

長時四相謂一期生滅，即人生幼稚長養充盛等也。

●講義第一三九頁第三行「三遮神我常法」句

疏抄、神者如也，因知如亦神也，謂非人力之所爲也。

●講義第一三九頁第三行「法華一地所生」一段

法華玄贊解此最爲扼要。其言曰，將理會教名爲一兩，將教就機說三乘法。

●講義第一三九頁第十一行「三和合」句

和合即謂種現相生三法展轉也。其義如圖：

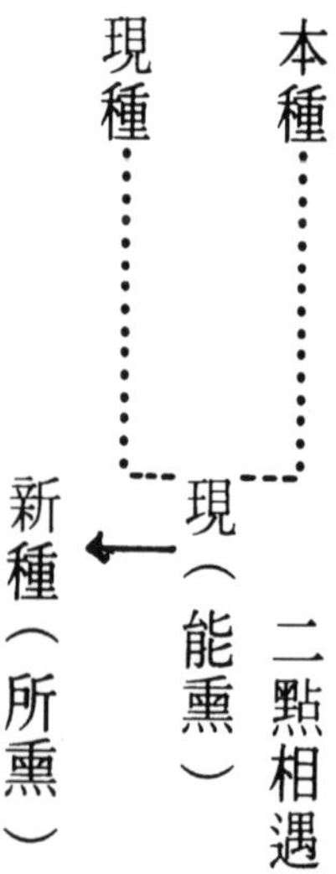

二點相遇而後生是爲和合

●講義第一三九頁第四行基必三義釋現以下

基師主張現行爲唯現家，故說顯現唯現行果。

●講義第一四一頁第一行勝軍因果義

勝軍新熏家，兼安慧護法之學而不精，後來奘師始得護法之精義也。新熏家懼因果中斷，故各前後而言之；本有家反是。以上七月九日第三次講

（續講前義）上座因果義如圖：

望前
爲果

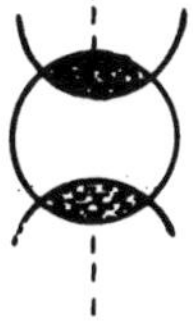

望後
爲因

勝軍因果義如圖：

望後
爲因

望前
爲果

觀圖可知兩家同義，但上座就一法以言，勝軍就二法以言耳，六乘立義較此更精所謂生滅異時不在一時中也。然龍樹智論亦說現在半爲過去半爲未來，似與勝軍立義相去不遠。然龍樹以此破現在，勝軍以此立現在，實大相反對也。讀者不可不細心辨認。

●述記卷十四三頁右第九行和合義

說和有二。一和雜不相雜，謂報養二大及與所造不相涉入，如胡麻聚其體是二；小乘多用此義。二和合不相離，謂四大所造報養七法互相涉入，猶如水乳其體爲一；大乘多用此義。曰種現和合者，種能生現爲因果和合；又現能生種爲能所熏和合。（因果一體亦可就自相言之。）

●述記卷十四四頁左第三行「見分緣於見」句

此有三義：一六見緣八見，二七見緣八見，三自證緣自見。自證亦是見體，故可云見。

●述記四頁左第三行解云一段

通難大意，種子爲自體因緣非同時因果，見分是同時因果非自體因緣。

●述記四頁左第五行「體便無窮」句

種子後望於前是等流，相似相續有故。如不相續而一時有，則應相生以至無窮。

●述記四頁左第七行「名爲異類」句

異類之義如圖：

三法展轉指正熏時而言。（熏有三時：將熏，正熏，已熏）。新熏種但爲果（對種因言）中之所熏，必後一剎那已熏義邊爲後法因乃得爲種子。否則一時有因果，與上座部執何異？此最宜致意辨別。

述記云，後種未生果故非無窮。今進一解，豈但無果，亦未成因。

●講義第一四一頁第九行「前後刹那各自段落故非無窮」句

異熟果待緣湊足而成，故其段落爲因果。等流相續法爾如是，（由此知勝軍懼因果中斷而立別義其實大非）故其段落爲因果。

此段落之義與勝軍不同者，彼計一體，此但相涉而各自段落耳。復爲一圖：

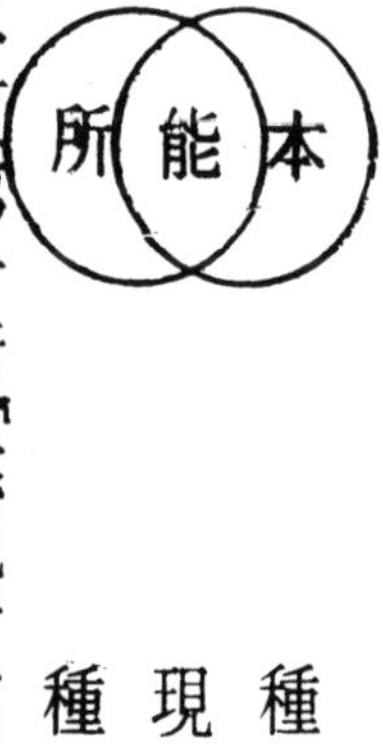

講義第一四一頁第十行「然現行望種」一段

述記出本有生新熏難，今解如圖：

熏種……因緣（能所）

因謂依也。親辨自體混成一氣，乃能爲因。故本種不爲新種因，但和合一體假說爲因緣。此即同類不妨和合乃正義也。他家不解此點遂多謬說。述記順文解戒體不增一段，宜知古師解。舊云：闍黎作白雖住無心無表得時七支種子體倍倍增，即本有修熏一新種也。今謂解錯，但可說用倍倍增也。定戒是現量思維，思維是心心所現行之用故也。以上七月十一日第四次講。

（續前）勝軍但言因果同時，而不分別種現。其實種生現可同時，種生種則非即此刹那，故述記難彼云云。

無種已生者，雜集第四有二十四已生，有種已生者除阿羅漢最後蘊。今解，阿羅漢如就聲聞果言，煩惱習氣未滅，此文難解；又如就八地菩薩言，種子未盡，亦難解、此當以佛果佛解之。無學最後蘊此時入過去是無，當來不生現種不滅名無種已生，此非無種而生現也。論記三十六解，無種者無現在種，但舊種在仍種現同時。此就不可爲後來一刹那因故云無種也。無種已生係就自類種不同時生而言，勝軍之解故不可通。

●講義第一四二頁第七行「至究竟位方成種子」句

述記解云各各究竟，其義如次：

㈠染法至見道。

㈡有漏至涅槃。

㈢佛種至窮未來際。

●講義第一四二頁第九行「經部六識等」一段

恒隨轉遮轉識與色法，亦遮第八現行，有界地轉易故，體非能熏故然

述記不簡別者，八識體爲種依，有種斯有現，故不簡也。

●講義第一四二頁第十三行「暫不生用」三句

唯識宗說能發現行名爲種子。此就他曰能發而言，義理更長。一界有情具三界種，此亦不起現時得名種子，可以爲證。

●講義第一四三頁第十三行以下三性五蘊一段

此叙有部五因（六因中除能作）之義也。前卷筆記，載六因係據俱舍義，以對十因，今據薩婆多義以爲所破，故不同也。此文較繁而理較粗。即是同類因，俱舍以善自相望，此乃自地同部相望也。大乘立義則較俱舍更精。雖同一性類，亦須有和合等義，乃得爲因。惟以親辦自體㈠性相隨順㈡解釋同類因緣，至護法始有其義，古師猶不知也。

●講義第一四四頁第六行論文五待衆緣一段

此須知緣生之義。緣生者、非謂猶由緣生。必因緣和合而後生也。就緣言亦自有其種子因緣。又種生種不得種子之名者，以無緣相湊合也，自類等流不必待他即除相續而外別無同時生現之理。今就果言因，就顯談隱，故謂待緣和合也。自衆緣者，一作意，二根，三境，此就識法而言。種子生現必待衆緣者，有緣而後功能殊勝也。功能即潛隱之力，其力最大，世間一切皆自此起，故曰緣生其實則力生也。因此推論用功必須强用意識。强爲熏習，而後有用。多生功力，而後此用不動。諸佛功德有十力之言。亦此意也。瑜伽菩薩菩提分持中，說如是學便能發起三業爲十力種，特別立一力種姓品，亦此意也。

自然者，任運之謂，本係一名。雖詮以二字，而實若一字。楞嚴經竟將二字分解之，則成二名矣。此純屬望文生義，可知其經爲僞作也。

述記三世有執，此指有部以得非得等生住異滅等爲緣也。大乘新熏能所和合在後爲種，非現未俱有也。設小宗自救言，過未體雖有而未起用故果非頓生者，此可破云，汝取果用應恒時有，不離體故，猶如其體。體用不離是小所許，故得爲因，攝論所說亦同。以上七月十三日第五次講。

●講義第一四四頁第八行論文六引自果一段

色心各引自種者。慧作極微解，假名爲色，行相爲心，假說種生。不望極微名引自果故。不知此意說色別種，即是外道。

餘部互爲因緣者，此指有部五與因之一計也。五與因如次：

（一）色與色心與心（今此不破）

（二）四蘊與色色不與四蘊心法强色法弱故

（三）色與四蘊

（四）色與四蘊四蘊與色

（五）五蘊更互為因（今此正破）

述記第八現行既恒隨轉一段。解之須更詳果俱有義。果俱有者，舊解但舊種與現果俱。今謂亦有新熏種俱現（能熏）之義乃為合理，解如下圖：

舊種　此舊種與現行同時和合俱現為果俱有

現行　能熏顯現

新種　此所熏與能熏同時和合俱現為果俱有

依此義釋無姓第七，其現行緣八見相狀顯現，然其新熏之所熏種一入第八則七緣第八見分之相狀不行而純屬有覆之種性存在。種隱微故，缺果俱有義之一分也。第七見相皆依自證而起，即有相反之義，又自證緣見有能所相及之義。本此二義，似乎第七亦能自熏成顯現種，然而不自熏者，目性有覆不受熏也。故仍以第八無覆為所熏而成種。六熏自六雖不沉隱，然缺恒隨轉義，且非純無智故，亦不成所熏也。自體與所持種雖俱恒隨轉，然又不能熏自種，無力不生後故，仍無果俱有義。

●講義第一四五頁第二行論文此種勢力一段

解此須明生引因義，生引即說十二有支，如圖可解。

- 引因（以未潤得遠義）
  - 能引
    - 無明
    - 行
  - 所引
    - 識
    - 名色
    - 六處
    - 觸
    - 受
    - （以上五蘊）

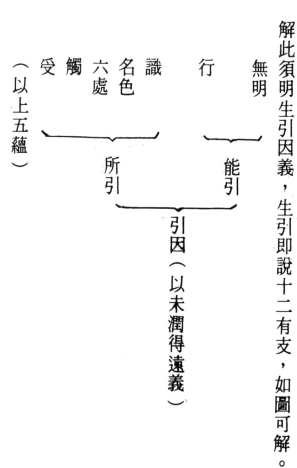

愛
取　能生—生因（以已潤得近義）
有

生
老死　所生—果

十二支爲說明生死因果而建立，生死非他，五蘊種子生現之種種分位而已。

述記引無性論以十二支解遠近因。今詳其義不然，但可愛取有望生爲近，五蘊種望生爲遠，又引義有逆順兩解，逆義望因，順義望果如圖：

前餘（如身）←—引殘（如骸）

引遠—→後增

有情死後屍骸猶在者，第八執持，但無覺受，故非頓見消滅又不同於生時之有知覺也。述記云勢分力，即係執受之勢分。

●講義第一四六頁第五行「堅住之堅可熏」以下

堅住堅密，二堅何別而有熏不熏異今解，住約相續，密約無間，故不同也。窺師釋可熏三義，一非堅密，二有體，三自在。有體之義係窺師增補。

心所不受熏凡有四義：依心王而不自在，一也。非報主，二也。無持力，三也。頓多果妨，四也。此第四義又有三家解釋不同。一師獨王能熏，一種生一故。二本有家。王正熏，所助熏，本種唯一故。三護法解，王所共熏，能持是一故。以上七月十五日第六次講。

（續前）心所不受熏第四因爲頓多果妨，護法解釋最精。以與後來論文脗合故，又就所邊立說故。

●講義第一四七頁第十四行「若法非常能有作用」句

有用是生，非常是滅，如何相順？然不滅則無容有作，無作亦無容有滅，生滅實相待而不相離也。

●講義第九頁第十一行二有勝用以下

述記文晦，應改讀云：「勝用有二，一能緣勢用，即簡諸色【有强盛用無緣慮用，】（原作非字）能緣熏」然此第二所簡，亦但能緣而不能熏也。

解此段文宜先如何謂相分熏。述記下文有云，即第八識爲六七識之所緣故爲相分熏。學記解同。蓋法爲所緣且有能致功效（述記所謂可致熏習）之義，即作相分熏也。然能熏乃爲自證分，但帶見相而熏，以自證是體見相依之而起故。其義如圖：

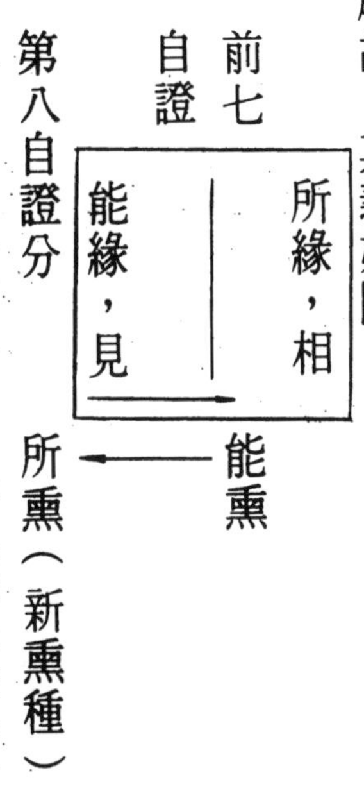

種子非死物乃活用也。乃用之可按實處也。見相現行雖極岐異，然在種則分別微細而無礙，故圖中於所熏邊不復分別。

●講義第一四九頁第一行識異熟生一段

異熟生者、生有善生不善生異熟三種，謂三性法同類相引生也。

異熟法有四類，有能熏，有不能熏，其別如次：

四異熟
- 威儀
- 工巧
- 神變
- 異熟
  - 變影
  - 不能變（此分不能熏）

講義釋異熟生法能熏或否。凡有數家，未加評斷，可任取捨。

述記云平等物者謂不爲能所熏之法，如業感無記法不似前七善惡心之爲能熏。又不似第八之爲所熏，故云平等物也。

佛果圓滿不復者，佛位之法皆由因位之積生熏習致之，如神通三世一念三時平等顯現，故曰圓滿也。然此但就不生滅之理言之，若其生滅之相仍不傾動也。由此推論諸佛說法各各圓備決無後超於前逐漸進化之義。即

菩薩說法較佛說爲精密，亦祇發揮奧蘊而已，更無超過佛說之處也。以上七月十七日第七次講

●講義第一五〇頁第二行欲界所知障分作十品一段

述記解無　第七有增減，出二家之說。

一　解唯增，此指用增。一類無間極難熏故，唯用增非體增也。以邪見爲喻者，即如上品邪見斷下品善，一品之中仍有上中下之別，即其用有異也。

二　解兼減，此就界地流轉言之。述記次文凡五段難，一一爲通，方致評斷。

初段難意有增減不頓斷，通意頓時見道斷亦九品，頓斷第九，餘即盡斷。

分品斷惑，大小乘立義不同。大乘分三界煩惱爲九個十地，通斷自初地至八地，當於小乘四句四果之位，見瓔珞經。小乘不然。總束三界惑爲九品，品品分斷，故謂斷欲界惑上中六品盡得二果

，斷下三品盡得三果也。明此分別，則述記文易解矣。

二段難意。見道非見道不同，類通意非見道亦有九品頓斷義。三段難意加行頓無九品，通意任運豈無九品。

四段難意六九品不還頓，斷七何不然，通意大生上不斷下，小七例不斷。

五段難意九品一類異，通意九一不相涉。

九難既通，增義乃立。次下文明不可兼有減義。即取前解而非後解也。無姓第七三界雖殊，能所緣等。（盡是有漏爲能所故云等也）。何有行相增減？蓋必無漏種現行對治而後可有增減也。

●講義第一五一頁第八行「三法展轉因果同時」句

三法同時者，其義如次：

（剎那）　（又一剎那）

一、從種生

二、能熏識

三、復熏種……一、從種生

二、能熏識

三、復熏種

●講義第一五一頁第九行『亦如蘆束更互相依』句

蘆束喻種現依及能所（熏）依。窺師謂是二法爲喻。蓋合此兩種二法言之。以其中現行望因爲果，望所爲能還同一法，故實是三法也。如解此喻必取二蘆者，即違經文。雜阿含卷十二云：「譬如三蘆立於空地展轉相依而得堅立，若去其一二亦不立，若去二一亦不立，展轉相依而得堅立，識緣名色亦復如是展轉相依而得生長。」如基師解，義是而文非，殆於四阿含未嘗留意歟。

●講義第一五二頁第八行「說此如小乘相應俱有因」句

此種望現，現望新種，同時爲因緣，與種望種異時爲因緣不同。以是取小宗相應俱有因得同時士用果爲喻。相應因謂心與心所同時相應也。今此取喻但用其同時之義，不及其他。

●講義第一五二頁第九行「此如小乘前念同類因」一句

小前念善色生後念善色。前念爲同類因，對異爲同也。後念爲等流果，對因爲等也。此是俱舍義。若正理婆娑三性相量皆爲因緣。其義更粗。實則種量種有相引之義故前後相續不斷。勝軍上座不明引義，強爲二法因果同時之說，其誤易知。

上來講能所熏義已盡，其最要之關鍵則一依。字而已。何以言之？世間無單獨能立之法。佛必依衆生，衆生亦應依佛，故有依義，又法遍法界必相依乃能廣遍，故有依義。又可總結前說曰，就依義乃是顯法體，就變義乃足闡法用。以上七月十九日第八次講。

成唯識論研究次第

方便言說。說四嗢柁南。一切法空宗爲般若。一切法無我宗爲唯識。智慧與識屬法相事。空及無我屬法性事。空是其體。無我是用。唯識詮用義是一大要旨。唯識學本論而外濫觴於攝論。而昌極於成唯識。宜知是時談成唯識。

識之體曰性。狀而名之曰如。如則當談二諦四勝義。(九卷二左)識之用曰相，狀而名之曰變。變則當談三性。(一卷二左析變義。卷八十六至卷九十右詳三性。)唯識於諦說世俗。於智說後得。於性說依他依他爲法相肝髓。法相乃唯識所從出。是故依他如幻。百義權輿。最初當研三性三無性段。

安慧護法三性異義。依圓非一異義。證眞始達幻義。相攝義。(無爲眞如六法五事四實四諦三解脫二諦二智假實一異)

變義詳析。有所變法。有能變法。所變法者。見相二分是也。一切有無爲。二分攝盡。相分別種。細釋見分。必推內二。故次當研識變內二分段。(卷七十二至十六右。)當研八識八段十義中四分段。(卷二十六右然有漏識自體生時起至十八右了別即是識之見分止。)

(一六教四量　二夢定不定　三爲空說處　四有離言識　五色依熏續　六執實非現　七眞覺了識　八疏緣他心　九衆各有識

小乘外境是所緣。相分名行相。見分是事。大乘相分是所緣。見分名行相。所緣自證分名事。)

能變法者。心意識之八識是也。衆緣所生法不孤獨。故說識一已具法五。實事有體。初說自性。發生現用必有其依。次說所依。用必有所及。次說所緣。王行臣必從。次說助伴。用有相貌差別。次說作業。然析法五。實惟一用。詮釋用義。實惟因果。初談自性。本識與轉識更互爲因性亦，嘗爲緣性。故自性中有因有果。因果所從生又有其緣。因果緣三遮相幻化。法界差別遂爾賾然。賴耶以受熏及持種之受持爲自性。當研八識八段十義最初段。(二卷八葉左右三卷九左然第八識起至十右二行一切法止。)末那以恆及審思量爲自性當研七識十門分別最初段。(四卷八左初六行。)六識以了別爲自性。當研六識九門分別最初段。(卷五十右次中思量起。)

若究因義必談種子。根本窮起一切建立。如此當研八識中十門辨種八義釋熏段。(二卷八右一切種相應更分別起至十六左是謂略說一切相止。)當研緣生中十五依十因段。(八卷一左如是四緣起至四左進退如前止。)

辨種十門。出體。一異。假實。二諦。四分。三性。本始。六義。內外。四緣。所熏四義。堅住。無記。可熏。與能熏合。能熏四義。生滅。勝用。增減。與所熏合。

隨說——語
觀待——領受
牽引——習氣
生起——潤種
引發——隨順
定異——差別功能

牽。生。引。定。同。不。六

因中一分因緣種。名生起因。
隨。觀。攝。相。及六因中一分非因緣法。名方便因。

攝受
- 無間
- 境界
- 根
- 作用
- 上用
- 眞見

同事——相合
相違——障礙
不相違——不障礙

若究果義必談五果。然對習必說異熟。如是當研四緣中五果段。(八卷四左所說因緣起至五右一切容得止。)當研相前說名段。(卷二七左一謂異熟起至七右非謂一切止。)

若究緣義。必談緣起。攝大乘論有二緣起。一分別自性緣起。二分別愛非愛緣起。了自性緣起。法執自空。了愛非愛緣起。人執自空。

自性緣起者。由一切種變及八現展轉合而爲緣生諸法分別。如是當研教理無難相中四緣二生段。（七卷十六右至八卷五右一切容得止八卷五右傍論已了起至六有具廣分別止。）

四緣段廣說正廣四緣等（藉託之謂緣親辦自體藉託爲因之緣助辦他體藉託爲增上之緣帶相王所藉託爲所緣之緣王所前後自類開導藉託爲無間之緣）旁辨十因義　此段爲唯識至要義。亦爲諸宗要義。何以名爲緣生故。

二生段。現生中一種生現三緣。無等無間。二現生現三緣。無因。有六子門。一子門。自他身相望二緣無等無間。二子門。自識各聚相望。所緣或有或無三子門。自聚前後相望。一師六有所緣。二師陳那六五七有所緣。四子門。自聚王所相望。一師不相緣。二師相緣見不緣。五子門。自聚同體二分相望。相於見有所緣。見於相但增上。六子門。三分相望。見於自證。如相與見。自證於見亦但增上。種生中（種子緣現種起）種於種子無中二緣。現於親種子因緣增上非親無因。種於親種子亦然。

愛非愛緣起者。由三業種及二取種有情生死相續輪迴。如是當研教理無難相中十二支段。（八卷七左至十六左唯有內識止。）

有四復次。初復次釋頌。次復次詳名言我執有支三習氣。三復次以惑業苦攝十二支而以十門解釋。此十門中前六門是基師述記文。後四門是論文。基師所以稱大乘基者。豈不以此等故耶。一列名辨體（此門至要）二明支得名。三次第所由。四總別業用。五因果差別。六支互爲緣。六門是基師立七能所引生。（此門至要）八建立七辨。九定世破邪。（破小乘兩重因果）十十六門分別（假實一多染不染獨雜色非色漏無漏爲無爲三性三界能所治三學三斷三受三苦四諦四緣惑業苦攝）四門論有第四復次詳二種生死。

因果緣三談自性已。次談其依。一切生滅仗因託緣而得生住。諸所仗託種現互因。故現果生有種子依。同時增上。故現識生有俱有依。前後無間。故現識生有開導依。如此當研六識中第七共依段。七識中三依段。（七卷左四依止根本識至爲共親依止。四卷八右諸心、心所至十八右深契教理止。）

所依四義。一決定。二有境。三爲主。四令王所取自所緣。五識四種。謂五色根。六七八識。六識二種謂七八識。七識一種謂八識。八識一種謂七識。開導三義。一有緣法。二爲主。三能作等無閒之緣。八識各唯自類爲開導依。此但屬心不屬心所。

說所依已。當談所緣。四緣中說義。八識中亦說事。唯識所以破唯境。長夜淪迷執境第一。所緣諦審內外道分。唯識之成對此立量。智者於此鄭重思惟。如是當研八識八段十義中相分見分段。七識十門分別中緣彼段。(八識所緣二卷十九左至二十一此色爲境止。又十六左此識行相起至行相伏之而得起故止。七識所緣四卷十六右如是已說起至此亦何咎止。)

說所緣已。當談助伴。心但取總。心所取別。助成心事得心所名。時依同事處等。得相應名。法界法爾差別差別必成於心所。是故心所斬要。如是當研八識七識六識諸相應段。(八識相應三卷一左至五左非謂一切止。七識相應四卷十八左此意相應起至二十二右不違理教止。六識相應五卷十三左至十四種類差別止。又十七左前所略標起至七卷六左眞俗妙理止。)

六位心所。以四一切判別。偏行具性地時俱。別境有性地。善有一地。不定有一性。染則皆無。離心別有心所亦有四分。諸門分別如表。

偏行	教理證有（五卷十七）							
別境		獨竝						
善			翻對	廢立	多少	○	○	
本惑							分別俱生	自類相應
隨惑						假實	○	○
不定						○		○

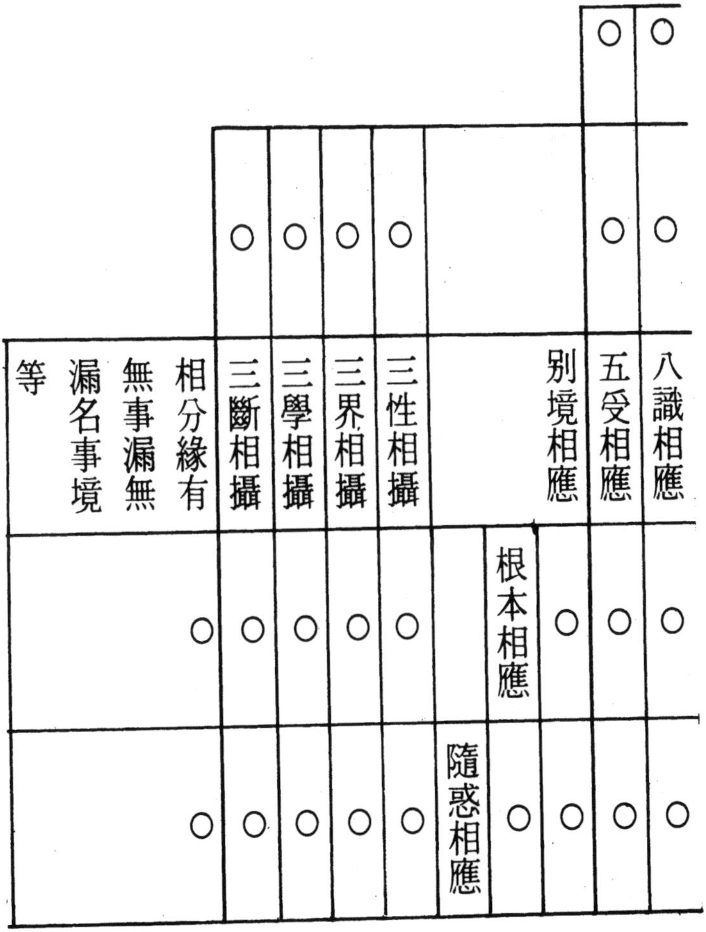
八識相應
五受相應
別境相應
根本相應
隨惑相應
三性相攝
三界相攝
三學相攝
三斷相攝
相分緣有無事漏無漏名事境等

說助伴已。當談作業。八識則情器內外恆流。七識則日夜思量念念計我。六識則別境麤細間了別而轉。三界業妄窮際金剛。四智三身依轉業淨盡未來際無有息時。如是當研八段十義中因果譬喻段見分相分段。(三卷五左至七左緣起正理止。二卷十六卷左此識行相起二十一左當此亦爾止。)當研七識十門分別中五行相段。(卷四十八左四行）當研六識九門分別中三行相段。七共依門八俱轉段。九起滅段。(九卷十一左次言了境起至右如前已說止。七卷六左現起分位至十右無睡悶故止。)此順瑜伽五法詮識。姑舉其概已足了然。必細簡別例識攝蘊。應以阿毗達磨三科六十門一一印決。法相唯識鎔冶一鑪。二論(大論成唯識論)而外亟需義林。

唯識論中心意識事亦尚有五受三性三斷三界四類。當略聚一處方便研求。五受可攝屬心所。是生死本是當境事。故應別釋。如是當研八段十義中五受段。十門分別中七相應中解五受俱段。九門分別中六受俱段。(三卷二左四行至右三行三左一行至九行。五卷一左至右平等轉故。五卷十四左此六轉識至十七憂苦事故止。)

三性可攝屬作業。或攝屬自性。作用不同因果大異。故應別釋。如是當研八段十義中三性段。十門分別中六性俱段。九門分別中四三性段。(三卷三右法有四種至故名無記止。五卷一左末那心所何性五行。五卷十一右此六轉至十二右戲論種故止。)

三斷可攝屬作業。聖教大事。染淨所事。故應別釋。如是當研八段十義中八斷伏位次段。十門分別中伏斷位次段。九門分別中九起滅分位段。(三卷七左此識無始至十右一切法故止。五卷二左此染汚至五左皆入此攝止。八卷七右及無心二定至十一左滅盡定故止。)三界可攝屬所緣唯識偏趣。外凡內小。故應別釋。如是當研十門分別中七界繫別段。(五卷二左末那心所六行。)心意識三各聚別簡已。應總聚相料。如是當研總料三能變段。(卷七十右是故八識至十二左相所相無故止。)如是研已。當順論文八段十門及與九門。長篇讀誦。融會貫通。無虞碎鎖。

夫識能了別。內外共許。以何因緣。必及心意。理多礙故。事無依故。法界如幻不相似故。法界周徧不如量故。建立賴耶。一切自在。是親證事。比智不可籌度故。是極果知。十地不能贊一詞故。是無我境。非無明及慧之法執故。但信聖言智炬自燭。必欲求解少分研文。如是當研八識中五教十理段。七識中教理證成段。(三卷十右云何應知起至四卷七右應深信受止。五卷五右云何應知起至十右實有八種止。)

- 不共
  - 恒行　與貪等俱亦名相應唯大乘有
  - 獨行　非貪等俱忿十相應大小乘共
    - 是主　見斷。迷諦理起。唯分別起。
    - 非主　通修。忿別頭生。體雖即本。從輕相說上來變義談竟。即是境義說竟。夫行果精義。法相取詳。唯識從略。然五位談識。亦具方隅。外與內異曰無漏異。凡與聖異曰無漏異。學何所求曰無漏求。分何所證曰無漏證。夫無漏者。純粹潔淨現成法爾不待造作不容攙和別爲其物也。三界繫屬曰漏。無漏者離繫也。世間萬善擴充不到。引而生之是在聞思。射則趨的。水則赴壑。君子所學志則見道。前乎此者種姓勝解以爲資糧。加行尋思以爲臨入。後乎此者修習究竟以了斯事。三身四智分內何奇。如是當研唯識位中資糧五位段。(九卷三左初資糧位起至十卷末止。)

見道表

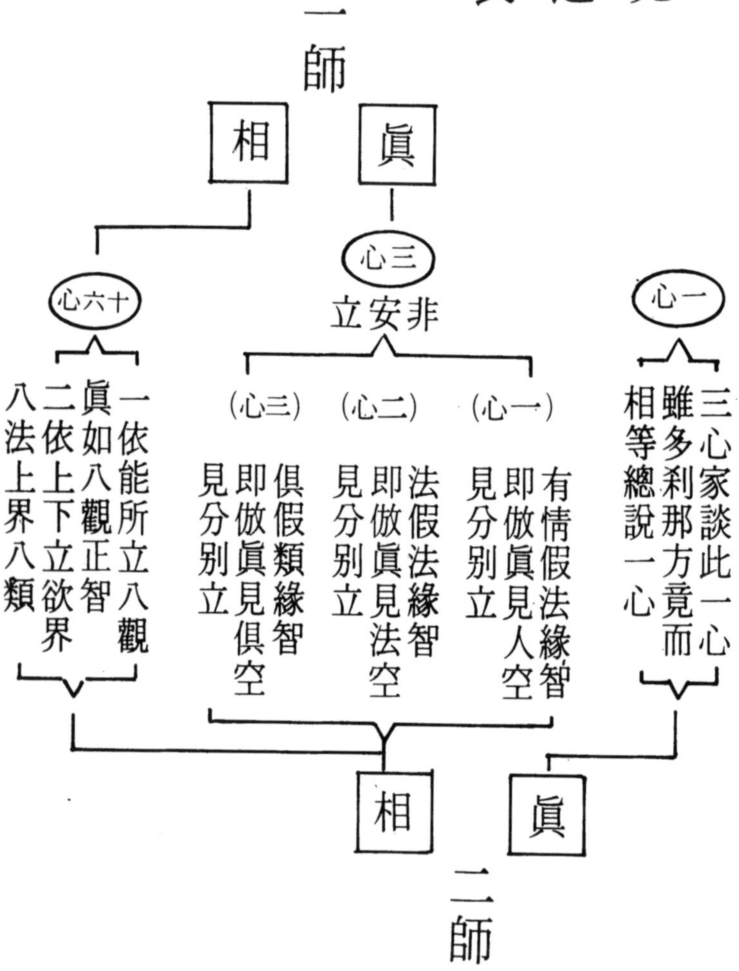
一師
眞
相
三心
非安立
（一心）
有情假法緣智
即倣眞見人空
見分別立
（二心）
法假法緣智
即倣眞見法空
見分別立
（三心）
俱假類緣智
即倣眞見俱空
見分別立
十六心
一依能所立八觀
眞如八觀正智
二依上下立欲界
八法上界八類
一心
三心家談此一心
雖多剎那方竟而
相等總說一心
相
眞
二師

法類三例　一如智緣　二別總緣　三下上緣　今取第二。

二障斷伏表

- 煩惱障
  - 見
    - 現—地前伏
    - 種—見道斷
  - 修
    - 現
      - 地前伏
      - 初地伏盡
    - 種—金剛頓斷
- 所知障
  - 見
    - 現—現前伏
    - 種—見道斷
  - （修）
    - 現
      - 地前漸伏
      - 十地伏盡
    - 種
      - 十地漸盡
      - 金剛斷盡

- 五識俱
  - 前地伏後八地盡　由六俱故
  - 地地分斷金剛盡　由七俱故
- 六識俱—人地不行
- 七識俱—金剛不行

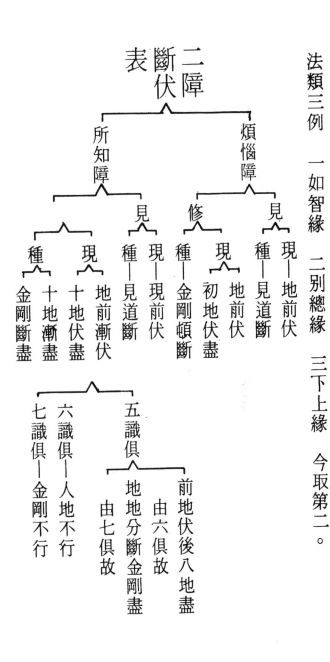

十地中修十勝行。斷十重障。證十眞如。得二轉依。

轉依位
- 初二。損力益能
- 見道通達。
- 後二。果滿
- 大小乘。下劣廣大

轉依義
- 道。伏斷
- 依。
  - 本識持種依
  - 眞如迷悟依
- 捨。斷計執棄劣勝
- 得。顯涅槃生菩提

菩提爲四相應心品。是相應心品各有二十二法相應。而智用增說智相應有漏位智劣識强。無漏位智强識劣。爲勸有情依智捨識。鏡智作智金剛起。等智觀智見道起。是故君子引生無漏。見道爲的。

淨法界身者。一切平等爲一切依。而是無爲常樂我淨。非是一的衆矢所趨。平等皆然不可差別。說一法界衆生共有。

讀論已竟。輕重有權。長短有度。從初再讀內外大小開卷了然。正義在握別破無難。如是當研宗要中略釋宗相廣破外小段。(卷初起至二卷七左假說我法名止。）

民國十三年春宜黃歐陽漸於支那內學院第四次研究會上說

附錄　歐陽竟無先生答梅君書

（前略）批張君文云：用是生滅，體是眞如，見相生滅，內二分正智緣如；若剋實言之，內二分安立證義概屬正智邊；言以證自證爲如自證緣之，則自證爲智；以自證爲如證自證緣之，則證自證爲智，云云。王君疑以證自證爲如自證爲如兩句，令爲解之，分三段：

（一）自證與如義：

述記五十五卷七頁右一行云：自證分與眞如境體義無別。義演二十三解之云：眞如是一切法體，亦是無分別智之體，自證復是見相二分之體，據此道理說云無分別。相見道不法自證者，以其無分別與如俱屬體邊故也。相見後得須表詮分別，故唯法眞見道之見分，屬用邊故也。是自證與如就用有分，就體雖非是一而無分也。

（二）自證緣如義：

智如雖二，然無分別智爲能緣，緣眞如所緣時宛若如一，且智不起用時，寂然泯然與如無別。智不起用者、如處女腹中他日有生子用，今日謂之爲處女子，然實處女今日無子也。智雖不起，他日必起，今日不謂如而謂智，如處女子也．然其實智與如相處泯然寂然，無能條然即時別出其智，如實處女今日無子也。自證緣如與如相處、如是如是。

（三）批文是曲順自證緣如一句之意：

自證緣如，今自證緣證自證及證自證緣自證豈非不緣如耶？故曰：以自證爲如，以證自證爲如也．以爲之言，非自證即如，特以之爲如耳。（將能作所之意。）於此有難者曰：如即是如，智即是智，絕然不同，而可容人隨意顚用耶？答：依如爲智體，智爲相見體言，說智而如攝其中，且以之爲體，一無別也．依智不起用時言說智而如不可離，二無別也。又況批文是說能緣邊事，主旨成就內二分是智之意也。能緣而緣其所緣，一向是說眞如所緣矣，今忽說自證是所緣，不亦是變其能而作所境耶？能不可任意變作所而變之者，必其有可以變作之理在故也。即自證智不起用與其眞如無別，所以以之爲所，而緣彼之證自證亦乃得用其所謂能者也。然其實則非眞如也。今批文亦然，以之爲所，爲如，非即是如故也。

然則以智緣智耶？以智緣如耶？尅實言之，以智緣如不可分之智如也。就如邊言曰正智緣如也，就智邊言曰自證智緣證自證智也。法相不可亂，而亦不可不細察其微也。（後略）

國家圖書館出版品預行編目資料

唯識講義／歐陽竟無著. -- 初版. -- 新北市：華夏出版有限公司, 2024.09

面； 公分. --（圓明書房；065）

ISBN 978-626-7393-67-3（平裝）

1.CST：唯識 2.CST：佛教哲學

3.CST：佛教說法

220.123 113005681

圓明書房 065

唯識講義

著　作　歐陽竟無

出　版　華夏出版有限公司

220 新北市板橋區縣民大道 3 段 93 巷 30 弄 25 號 1 樓

電話：02-32343788　傳真：02-22234544

E-mail：pftwsdom@ms7.hinet.net

印　刷　百通科技股份有限公司

電話：02-86926066 傳真：02-86926016

總經銷　貿騰發賣股份有限公司

新北市 235 中和區立德街 136 號 6 樓

電話：02-82275988　傳真：02-82275989

網址：www.namode.com

版　次　2024 年 9 月初版—刷

特　價　新臺幣 480 元（缺頁或破損的書，請寄回更換）

ISBN：978-626-7393-67-3